INTRODUÇÃO À TIPOGRAFIA

 Os livros dedicados à área de *design* têm projetos que reproduzem o visual de movimentos históricos. As aberturas e títulos deste módulo, com elementos fragmentados, formas aleatórias, mistura de tipografia e estilos e brincadeiras visuais, relembram o *design* pós-moderno, muito forte nos anos 1980.

INTRODUÇÃO À TIPOGRAFIA

Bolívar Teston de Escobar

Rua Clara Vendramin, 58 . Mossunguê . CEP 81200-170 . Curitiba . PR . Brasil
Fone: (41) 2106-4170 . www.intersaberes.com . editora@intersaberes.com

Conselho editorial
Dr. Alexandre Coutinho Pagliarini
Dr.ª Elena Godoy
Dr. Neri dos Santos
M.ª Maria Lúcia Prado Sabatella

Editora-chefe
Lindsay Azambuja

Gerente editorial
Ariadne Nunes Wenger

Assistente editorial
Daniela Viroli Pereira Pinto

Preparação de originais
Gilberto Girardello Filho

Edição de texto
Monique Francis Fagundes Gonçalves
Palavra do Editor

Capa
Charles Leonardo da Silva (*design*)
Patty Chan/Shutterstock (imagens)

Projeto gráfico
Bruno Palma e Silva

Diagramação
Rafael Ramos Zanellato

***Designer* responsável**
Iná Trigo

Iconografia
Regina Claudia Cruz Prestes
Sandra Lopis da Silveira

Dados Internacionais de Catalogação na Publicação (CIP)
(Câmara Brasileira do Livro, SP, Brasil)

Escobar, Bolívar Teston de
  Introdução à tipografia / Bolívar Teston de Escobar. -- Curitiba :
Editora Intersaberes, 2023.

  Bibliografia.
  ISBN 978-85-227-0390-6

  1. Projeto gráfico (Tipografia) 2. Tipografia 3. Tipos para impressão
I. Título.

22-140591   CDD-686.22

Índices para catálogo sistemático:
1. Tipografia   686.22
       Cibele Maria Dias – Bibliotecária – CRB-8/9427

1ª edição, 2023.

Foi feito o depósito legal.

Informamos que é de inteira responsabilidade do autor a emissão de conceitos.

Nenhuma parte desta publicação poderá ser reproduzida por qualquer meio ou forma sem a prévia autorização da Editora InterSaberes.

A violação dos direitos autorais é crime estabelecido na Lei n. 9.610/1998 e punido pelo art. 184 do Código Penal.

Sum*ário*

Prefácio 12
Apresentação 16
Como aproveitar ao máximo este livro 22

1 **O material da tipografia** 28
1.1 Considerações iniciais 29
1.2 O desenrolar da escrita 30
1.3 A *performance* da escrita 39
1.4 O alfabeto latino contemporâneo 43

2 **A definição da tipografia** 54
2.1 Considerações iniciais 55
2.2 A caligrafia medieval e as bases da tipografia 55
2.3 A tipografia renascentista 59
2.4 O público leitor-consumidor do Iluminismo 66
2.5 Tipografia pré-moderna 69
2.6 O impacto da industrialização 73
2.7 Processos tipográficos contemporâneos 79

3 **A linguagem da tipografia** 88
   3.1 Considerações iniciais 89
   3.2 Definições básicas 91
   3.3 Métrica do texto 97
   3.4 Linhas de apoio 103
   3.5 Anatomia do tipo 106
   3.6 Nomenclatura do texto 111

4 **O discurso da tipografia** 122
   4.1 Considerações iniciais 123
   4.2 As raízes da tipografia moderna 124
   4.3 Da Bauhaus à Nova Tipografia 131
   4.4 O legado do Estilo Internacional 138
   4.5 O espaço da tipografia digital 140
   4.6 Em síntese: parâmetros da tipografia contemporânea 143

5 **As classificações da tipografia** 158
   5.1 Considerações iniciais 159
   5.2 As tentativas de classificação tipográfica 161
   5.3 Letras romanas renascentistas 163
   5.4 Letras romanas transicionais 166
   5.5 Letras românticas ou didonianas 169
   5.6 Letras mecânicas ou egípcias 171
   5.7 Letras lineais, realistas ou modernistas 174
   5.8 Letras escriturais e caligráficas 179
   5.9 Letras decorativas ou *display* 183
   5.10 Por uma classificação simplificada 184

6 **A prática da tipografia** 192
6.1 Fatores de escolha de fontes 193
6.2 A tipografia do design da informação 196
6.3 A disposição espacial do texto 203
6.4 Letreiros vernaculares 208
6.5 Tipografia e acessibilidade 212
6.6 Criando um tipo 216
6.7 Formatos de arquivos de fonte 223

7 **O universo da tipografia** 230
7.1 Lista de exercícios tipográficos sugeridos 231
7.2 *Checklist* tipográfico 238
7.3 Para conhecer mais referências 240
7.4 Para se aprofundar na tipografia brasileira 244

Estudo de caso 250
Considerações finais 254
Referências 258
Respostas 270
Sobre o autor 276

Este livro foi um desafio oferecido por Fabiano de Miranda, colega de profissão e veterano do curso de mestrado em Design de Sistemas da Informação da Universidade Federal do Paraná (UFPR). A ele, meus mais sinceros agradecimentos pela oportunidade e pela confiança.

Várias pessoas atenderam ao meu pedido de colaborar com imagens para ilustrar os exemplos que inseri nos capítulos: meus agradecimentos aos professores Guilherme Santa Rosa e Álvaro Sousa, que conduziram um projeto sobre tipografia vernacular que rendeu excelentes registros fotográficos, e à professora Luiza Falcão Cunha, que cedeu exemplos de exercícios feitos pelos seus alunos de tipografia. Aos tipógrafos Marina Chaccur e Christian Boer, que foram extremamente prestativos e permitiram que amostras de suas fontes fossem usadas como belos exemplos ao longo do livro.

Por fim, estendo meus agradecimentos aos amigos, colegas, alunos e professores que conheci durante meu trajeto como estudante, pesquisador e professor de Design. Muitos de vocês continuam sendo grandes referências para mim e, com certeza, isso acabou transparecendo nas palavras das páginas seguintes.

Pre*fácio*

Muito mais que uma disciplina fundamental

A tipografia é uma lente com a qual se pode olhar todo o design. Diferente de outras disciplinas emprestadas de áreas correlatas, a tipografia é genuinamente nossa. Ela é o sistema de reprodução de informação que detonou o surgimento massivo de impressos duráveis e efêmeros. Uma produção que passou a reforçar a construção de aspectos visuais fundamentais da cultura de diversos povos a partir do Iluminismo europeu, criando as bases do que viria a se tornar o design gráfico contemporâneo (... e não, o design gráfico não morreu! Se tivesse ido a óbito, não haveria mais marcas; nem grande parte das embalagens, placas e aplicativos que conhecemos. Sem design gráfico, não haveria mais jornais nem revistas, e provavelmente você não estaria lendo este livro.).

Os raciocínios gráfico e espacial implicados no uso da tipografia ajudam a desenvolver um modo mais sensível de perceber formas, volumes, cores, texturas e suas possíveis combinações. A compreensão dessas nuances produz composições bidimensionais capazes de produzir com êxito uma infinidade de sensações: movimento, ritmo, peso, tensão etc. É assim que o estudo da tipografia encurta o tempo da resposta criativa dada por profissionais a determinado problema enquanto aumenta seu grau de assertividade.

Mas o que impressiona mais é ver que esses mesmos ganhos não se restringem ao design gráfico. Os saberes adquiridos no campo da representação que emprega duas dimensões também podem ser aplicados em composições tridimensionais de qualquer outra manifestação do design.

É um exagero ver a tipografia dessa maneira? Na realidade, não. Nem de longe. Afinal, a chamada *tipografia digital* é uma grande alegoria virtual pós-moderna da tipografia material renascentista que surgiu graças ao uso inventivo de madeira, metal, papel e tinta.

Ousar definir um discurso da tipografia é, sem sombra de dúvida, uma grande aposta. Todavia, grandes apostas miram grandes recompensas, e o ardor veemente da coragem é um excelente guia no caminho de novas descobertas. Quem arrisca não tem medo de dar um passo à frente, não tem medo de errar.

Esse ímpeto é típico de quem não se vê definitivo. E, a despeito da propriedade e fundamentação das ideias, a não pretensão de ser completo e categórico é uma das qualidades que não se pode deixar de destacar no texto que profissionais, estudantes e interessados em design lerão a seguir. Um belo convite à discussão, cercado de apontamentos generosos que enchem de alegria a tipografia brasileira.

Leonardo Buggy
Fortaleza, julho de 2022.

Apresen*tação*

Este livro é uma tentativa mais ou menos ambiciosa de tentar falar sobre a tipografia como um todo, como se jogássemos uma rede num oceano que se estende tentando encobri-lo em sua totalidade: abrangente, embora não suficientemente profunda. A tipografia é tida como uma disciplina fundamental do design gráfico. Por isso, minhas palavras buscam abraçar seu escopo em termos da linguagem com a qual ela se apresenta e se torna acessível; do discurso consolidado ao longo do contexto histórico que formou essa disciplina; e dos projetos e práticas tipográficas possíveis por meio do aparato tecnológico disponível hoje.

O objetivo principal é que o leitor compreenda não apenas o panorama de possibilidades que a tipografia como prática oferece, mas que consiga também identificar os "convites" que espalhei pelo livro para se aprofundar na teoria: o que pesquisar em tipografia, tanto quanto o que fazer como projeto de design, é igualmente importante. Acredito que, aqui, eu esteja me dirigindo principalmente aos alunos e iniciantes da profissão de design gráfico, mas aposto que as fontes que trago como fundamentação dos meus argumentos sejam também de interesse dos profissionais e acadêmicos que escolheram a tipografia como fonte de problemas e objetos de investigação (uma bela escolha, dado o inesgotável universo tipográfico que se expande a cada nova fonte lançada para uso ou a cada novo *lettering* que aparece nas redes sociais).

Digo que essa minha tentativa é mais ou menos ambiciosa porque é muito difícil falar de tudo o que a tipografia oferece. De certo modo, minha racionalização para organizar o conteúdo se deu da seguinte maneira: no primeiro capítulo, é preciso compreender como o nosso alfabeto latino, isto é, o principal **material da tipografia**, se consolidou com o passar dos séculos. A relação entre as formas e os símbolos usados para expressar a linguagem está fundamentalmente atrelada aos dispositivos tecnológicos disponíveis. Ou seja, à medida que novos artefatos de comunicação se estabelecem, as letras mudam, ganham estilos diferentes e formas variadas. A **definição da tipografia**, portanto, também muda. O segundo capítulo é inteiramente dedicado à análise dessas disputas tecnológicas e sociais que impactaram a área.

No terceiro capítulo, abro um pequeno parêntese para explicar a **linguagem da tipografia**, isto é, as denominações e expressões que regem a condução do ofício tipográfico. É preciso estar familiarizado com todos esses termos porque eles são explorados diferentemente por autores ao longo dos anos, e minha escrita foi majoritariamente conciliatória: procurei não deixar escapar nenhuma denominação usada até o presente momento (apesar de acreditar que não demorará muito para alguém apontar lacunas. Na verdade, espero muito que alguém as aponte!).

O quarto capítulo é uma ousada tentativa de definir um **discurso da tipografia**. Aqui, é necessário compreender o conceito de discurso tal como expressa Krippendorff (2005) ao usar a palavra: trata-se de uma malha de intertextualidades que se forma a partir dos artefatos que se valem do mesmo vocabulário, compartilham referências e deixam espaço para sua própria investigação, questionamento e continuação. Parece abstrato, mas, se pensarmos que os capítulos anteriores são bastantes voltados à formação histórica do alfabeto latino e ao vocabulário consolidado para se referir aos seus elementos compositores, então é possível apontar um discurso constituído em torno desses elementos. Em suma, ainda citando o mesmo autor, o discurso se estabelece como um sistema social que aparenta ter vida, manter-se ativo e reforçar seus próprios artefatos. Cada vez que criamos um objeto tipográfico, que aplicamos os saberes da tipografia para compor letras, palavras e textos, estamos nos inserindo em tal discurso, seja para aplicá-lo na prática, seja para questioná-lo na teoria. Como sintetiza Foucault (2014, p. 49), os discursos são "práticas que sistematicamente formam os objetos dos quais elas falam".

Feita essa elaborada síntese discursiva, acredito que o quinto capítulo seja o mais antecipado por designers e tipógrafos, pois trata das **classificações da tipografia**, as quais são um resultado direto dos tensionamentos discursivos deixados pela prática histórica de nossa profissão. Nesse capítulo, observamos como diferentes estilos se agrupam considerando-se as características formais encontradas nas letras do alfabeto latino. Diferentes fontes servem a distintos propósitos, mas como saber onde encontrá-las? O que defendo é simples: a lógica da classificação é mais importante do que decorar suas regras e pormenores (tão frequentemente quebradas, aliás).

No sexto capítulo, apresento, de forma um tanto resumida, a **prática da tipografia**. Talvez esse seja o capítulo mais incompleto do livro: Como ter acesso a todas as possibilidades de materialização tipográfica? Textos são construídos a todo momento, tanto por designers quanto por qualquer outra pessoa escrevendo algo. Nesse capítulo, disponho os métodos de aplicação tipográfica com base em algumas chaves de compreensão. Há os primeiros momentos em qualquer projeto, nos quais precisamos avaliar o problema, os resultados esperados e, portanto, os estilos tipográficos que contribuirão para esse projeto. Além disso, o design da informação e suas ferramentas são apresentados como abordagens seguras para trabalhar com tipografia, mas não as únicas: os letreiros vernaculares trazem uma riqueza tipográfica que não poderia ser deixada de lado por nenhuma obra sobre esse assunto. Alguns aspectos de acessibilidade também são trabalhados, considerando-se o texto como um importante veículo de informação que precisa ser acessado por públicos variados. Por fim, o capítulo termina com uma breve introdução ao projeto central da tipografia: o desenho das fontes e das famílias tipográficas.

O último capítulo é quase formatado como uma lista. São várias "pontas soltas" que deixo para quem quiser praticar, ler mais, aprofundar-se no tema e conhecer mais pessoas com os mesmos anseios. O **universo da tipografia** é uma metáfora interessante para se referir a esse conjunto de trabalhos, pessoas e exercícios diários que compõem a disciplina, e eu sei que, assim como o nosso universo, ele esconde mistérios, segredos e talvez um ou outro planeta com habitantes tão estranhos quanto os do nosso.

Como aproveitar ao
máximo este livro

Empregamos nesta obra recursos que visam enriquecer seu aprendizado, facilitar a compreensão dos conteúdos e tornar a leitura mais dinâmica. Conheça a seguir cada uma dessas ferramentas e saiba como estão distribuídas no decorrer deste livro para bem aproveitá-las.

CONTEÚDOS DO CAPÍTULO
Logo na abertura do capítulo, relacionamos os conteúdos que nele serão abordados.

APÓS O ESTUDO DESTE CAPÍTULO, VOCÊ SERÁ CAPAZ DE:
Antes de iniciarmos nossa abordagem, listamos as habilidades trabalhadas no capítulo e os conhecimentos que você assimilará no decorrer do texto.

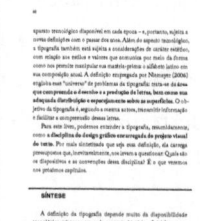

SÍNTESE

Ao final de cada capítulo, relacionamos as principais informações nele abordadas a fim de que você avalie as conclusões a que chegou, confirmando-as ou redefinindo-as.

QUESTÕES PARA REVISÃO

Ao realizar estas atividades, você poderá rever os principais conceitos analisados. Ao final do livro, disponibilizamos as respostas às questões para a verificação de sua aprendizagem.

QUESTÕES PARA REFLEXÃO

Ao propormos estas questões, pretendemos estimular sua reflexão crítica sobre temas que ampliam a discussão dos conteúdos tratados no capítulo, contemplando ideias e experiências que podem ser compartilhadas com seus pares.

ESTUDO DE CASO

Nesta seção, relatamos situações reais ou fictícias que articulam a perspectiva teórica e o contexto prático da área de conhecimento ou do campo profissional em foco, com o propósito de levá-lo a analisar tais problemáticas e a buscar soluções.

Capítulo 1

O MATERIAL
DA TIPOGRAFIA

CONTEÚDOS DO CAPÍTULO
- Como o alfabeto usado no Brasil se tornou o que é hoje.
- Quais são os símbolos usados como "matéria-prima" pelos tipógrafos.

APÓS O ESTUDO DESTE CAPÍTULO, VOCÊ SERÁ CAPAZ DE:
- contextualizar historicamente o trabalho da tipografia;
- reconhecer os elementos que compõem as letras;
- compreender como o alfabeto latino se formou ao longo do tempo.

1.1 Considerações iniciais

Figura 1.1 – **Diferentes "as" minúsculos**

a *a* ɑ 𝖆

Fontes usadas, da esquerda para a direita: Linux Libertine regular e itálica (projetada por Philipp Poll em 2003), Sligoil (projetada por Ariel Pérez em 2022) e Middle Saxony (projetada por Dieter Steffmann em 2006).

É curioso observar como, independentemente das características dos "as" minúsculos retratados na Figura 1.1, algo em nós é capaz de identificar todos como sendo a representação de uma mesma letra. Você pode diferenciar um do outro de variadas formas: por um traço mais grosso ou por um ornamento a mais ou a menos em uma parte da letra, por exemplo. Pode também observar distinções mais significativas, como a que verificamos entre o terceiro e o segundo "a" da imagem: enquanto um se assemelha aos demais em seus traços compositores, o outro é uma versão bem diferente da letra, com uma composição que lembra os "as" que desenhávamos nos cadernos escolares de caligrafia. Se considerarmos o quarto "a", veremos que ele lembra um pouco mais os dois primeiros, mas mesmo assim apresenta traços bem diferenciados, mais pontiagudos e carregados de tinta.

Essa brincadeira poderia continuar infinitamente. Com um pouco mais de esforço, poderíamos desenhar vários "as" diferentes, explorando traçados, ângulos, espessuras, estilos – e tudo isso sem nem ao menos envolver suas versões maiúsculas! Entretanto, logo perceberíamos que, por mais inspirados que fôssemos durante o exercício, algo estabelece limites em nossa criatividade na hora de pensar na letra "a". Uma espécie de padrão se firma, e logo notamos que existem algumas restrições e orientações de desenho as quais definem que a letra "a" precisa se parecer, no fim das contas, com ela mesma.

Decidi iniciar este livro com esse exercício mental porque acredito que é fundamental deixar acordado, desde o começo, que a tipografia evoca uma discussão de ordem, sobretudo, cultural. Essa disciplina da qual trataremos se estabeleceu como uma das mais importantes a compor o corpo de conhecimentos do design gráfico – sendo considerada, até mesmo, como um "marco" para nosso entendimento sobre o que é, de fato, design gráfico. Retornando ao exercício anterior, a pergunta que segue sem resposta é: Por que a letra "a" se parece com uma letra "a"?

1.2 O desenrolar da escrita

Primeiramente, precisamos encarar que a forma das letras que conhecemos hoje não foi uma decisão planejada. Em nenhum momento houve uma espécie de "Conselho Supremo do Alfabeto" que discutiu como cada letra deveria aparentar. O que podemos dizer que aconteceu, de certa forma, foi um jogo de sobrevivência entre diferentes versões de escrita até chegarmos ao nosso alfabeto latino, usado para representar visualmente a língua portuguesa (lembre-se sempre desta nossa "localização cultural"!).

A história da escrita começa, segundo Meggs e Purvis (2009), quando os seres humanos compreenderam a necessidade de criar uma contrapartida visual para a fala, isto é, alguma maneira de registrar as histórias, conversas e discussões que as pessoas então travavam. Diversas formas de comunicação de nossos ancestrais, do Paleolítico ao Neolítico (período entre 35000 a.C. e 4000 a.C.), foram registradas em paredes de cavernas, como pinturas e gravações. No entanto, o que poderia ser inicialmente identificado como uma linguagem escrita surgiu nas proximidades da Mesopotâmia, por volta de 3500 a.C. Nessa região, um movimento conhecido hoje como Revolução Agrícola (Bellwood et al., 2007) dava seus primeiros passos por volta de 11000 a.C.: as sociedades humanas do local começaram a avaliar como mais vantajoso estabelecer-se em posições geográficas fixas e plantar o próprio alimento do que continuar com seu estilo de vida nômade baseado em caça e coleta.

A adoção da agricultura criava excedentes: os seres humanos poderiam plantar em grandes quantidades, estocar alimento e dedicar-se a outras tarefas no tempo livre, conforme narra Diamond (1992). Isso tornava possível a criação de assentamentos humanos cada vez mais complexos: ao redor das lavouras e plantações, cidades passavam a se erguer. A divisão de tarefas dava espaço para o avanço do conhecimento astronômico, das artes e das técnicas políticas de organização social então adotadas. Permeando esses fatores, nascia a necessidade de fazer um registro mais objetivo das informações. Conforme as sociedades cresciam, pessoas se agrupavam em maior quantidade, demandando uma produção de alimentos mais bem distribuída e um controle mais eficaz dos recursos. Meggs e Purvis (2009) vinculam essa nova demanda informacional aos registros dos primeiros pictogramas. Em tabuletas de argila, um material abundante da região, os fazendeiros mesopotâmicos começaram a gravar detalhes sobre suas produções: quantidades produzidas, nomes das pessoas que adquiriam os grãos, entradas e saídas de materiais e insumos etc. (Figura 1.2). Essa protoescrita ainda estava longe de formar uma "linguagem" sistematizada, mas já representa os primeiros passos do caminho que depois nos permitirá entender como a letra "a" se tornou de fato a letra "a".

Figura 1.2 – **Tabuleta de argila mesopotâmica**

A partir da Mesopotâmia, o caminho da história da escrita se bifurca. Próximos da região, os sumérios adaptavam a técnica da gravação na argila para derivar uma modalidade de escrita que hoje chamamos de *cuneiforme*. Com o uso de uma cunha (espécie de graveto com três vértices na ponta), os caracteres eram gravados em uma linguagem que adotava representações mais abstratas do que os pictogramas antecedentes. Os sumérios eram capazes, dessa forma, de escrever rapidamente e representar conceitos mais abstratos, ao combinarem símbolos com fonéticas diferentes. Foram os primeiros registros de um recurso que atualmente denominamos *rébus*: quando um símbolo pode ser utilizado tanto pelo seu significado na língua quanto pelo que seus traços representam como significantes (um exemplo seria usar a imagem de uma casa no lugar do verbo *casar* na frase *"Semana que vem ela se casa com ele"*).

A linguagem escrita dos sumérios cresceu em complexidade, demandando mais símbolos e, consequentemente, uma especialização maior por parte dos escrivães. Além dos registros agrícolas, a escrita passou a ser usada como mecanismo de firmação de leis, decretos e proclamações religiosas. Drucker e McVarish (2009) fazem uma importante observação em relação a esse aspecto: um dos principais impactos da adoção da escrita foi a substituição da força física pela força simbólica. Ou seja, por meio das letras e das palavras, um governante poderia firmar sua lei sem precisar da violência corporal para comunicá-la.

Mais ao sul do Crescente Fértil, a civilização egípcia era outra que levava adiante a técnica desenvolvida na Mesopotâmia. Adotando um conjunto de hieróglifos, o povo que se consolidava às margens do Rio Nilo empregava um complexo sistema de escrita cujos sinais remanescentes se encontram muito bem preservados nas paredes de templos, assim como em vasos e em outros artefatos antigos. O que os historiadores perceberam é que, diferentemente dos mesopotâmicos, o povo egípcio não se limitava à argila. Utilizando cascas de uma planta chamada *papiro*, cuja proliferação era abundante na região (e, curiosamente, também no Sertão da Bahia, aqui no Brasil), o povo egípcio desenvolveu uma espécie de papel primitivo que era arquivado em extensos rolos e servia sobretudo para registros sacerdotais.

Figura 1.3 – **Hieróglifos no Templo de Karnak, em Luxor, Egito**

Marcin Sylwia Ciesielski/Shutterstock

Os hieróglifos, com o tempo, sofreram algumas simplificações que resultaram nas escritas hierática e demótica (Figura 1.4). Essas novas escritas foram maneiras encontradas para registrar mais rapidamente as palavras: os escrivães identificavam o que seriam os traços fundamentais de cada hieróglifo e, assim, compunham um novo conjunto de caracteres. Eis um ponto interessante a reforçar a visão que Meggs e Purvis (2009) tinham dos egípcios como sendo um povo extremamente sensível em termos de design gráfico: além de ser responsável por composições intrincadas em *grids* geométricos perfeitamente calculados, a civilização do Nilo também foi capaz de desenvolver diferentes versões de um mesmo sistema de escrita. Drucker e McVarish (2009), contudo, reforçam que os hieróglifos mais elaborados continuavam em uso, sugerindo o emprego de um aspecto fundamental da tipografia por aquele povo: diferentes representações das palavras cumprem diferentes propósitos em uma sociedade. A escrita, em seus propósitos políticos, assumia variadas formas já na civilização antiga!

Figura 1.4 – **Transições de um hieróglifo egípcio: de sua expressão original para as adaptações hieráticas e demóticas**

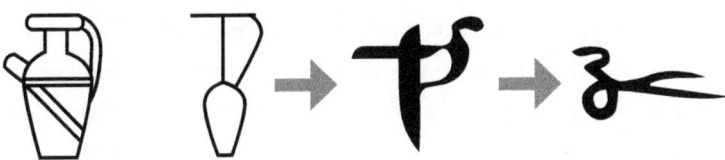

Fonte: Elaborado com base em Drucker; McVarish, 2009.

Entretanto, tal e qual a escrita cuneiforme, os hieróglifos foram aos poucos perdendo adeptos. Drucker e McVarish (2009) sugerem que, combinando as formas simplificadas da escrita demótica com as representações fonéticas em que se assentavam as bases dos silabários cuneiformes, alguns povos da região do Oriente Médio, por volta do século XVI a.C., desenvolveram os próprios conjuntos de símbolos fonéticos em sistemas menos complexos e, consequentemente, mais facilmente memorizáveis. Tais escrituras são denominadas *protossinaíticas* – e é nelas que encontramos os primeiros resquícios de nosso alfabeto moderno.

Os fenícios, cujas principais cidades ficavam nas regiões a oeste do Mar Mediterrâneo, eram famosos pelas suas habilidades como navegadores e também pelo fato de terem estabelecido muitas rotas de comércio entre os demais povos que habitavam as regiões litorâneas do mesmo mar. Eles empregavam um conjunto de 22 símbolos do sistema até então usado pelos povos cananeus (dos quais eram descendentes) em um conjunto classificado como *abjad*, um consonantário usado para formar palavras com vocalizações subentendidas entre as letras (Bringhurst, 2006). Isto é, em tais sistemas, escrever os sons das vogais seria desnecessário, já que a língua é compartilhada entre pessoas capazes de inferirem a pronúncia de tais sons. Graças às empreitadas comerciais dos fenícios, sua influência logo chegou aos povos que se estabeleciam pelo continente europeu. Assim, várias línguas identificadas na época passaram a empregar a versátil escrita fenícia, com variações em grafia e estilo dos caracteres (Figura 1.5).

Figura 1.5 – **Fragmento de uma tigela com inscrição fenícia dedicada à divindade Astarte (século III-II a.C.)**

Um desses povos – a civilização grega – estava se recuperando de um impacto que até hoje não foi muito bem esclarecido pelos historiadores. A até então bem estabelecida civilização micênica, que habitou a península grega entre 1600 e 1100 a.C., deixou registros de atividades culturais consolidadas, como esculturas, tecnologia bélica e, ainda, o emprego de uma linguagem que chamamos de *Linear B*. Por motivos ainda obscuros, tal civilização sofreu um colapso que levou à fragmentação dos vários povos gregos em diferentes cidades autônomas, que partilhavam de semelhanças culturais, mas dificilmente reunidas sob um mesmo aspecto que as caracterizaria como um mesmo povo (Drews, 1993).

Um fato, no entanto, passou lentamente a estabelecer conexões entre essas cidades gregas: a adoção de um sistema de escrita similar (Figura 1.6). Nesse sistema, os gregos empregavam uma variação das letras fenícias, ou seja, uma nova versão dos caracteres originais e mais algumas letras, presumidamente de origem semítica (Meggs; Purvis, 2009), para identificar as vogais. Surgia então o que hoje chamamos de *alfabeto*: um sistema versátil e facilmente memorizável, graças à inteligente manobra grega de nomear cada caractere com o início do som de sua pronúncia.

Figura 1.6 – **Inscrições em ruínas localizadas em Gortis, Creta**

Os gregos logo começaram a estabelecer padrões mais sofisticados de escrita, dispondo as letras em tamanhos padronizados e em linhas geometricamente organizadas (Drucker; McVarish, 2009). Além disso, é nas escrituras gregas que identificamos as primeiras disputas por uma ordem de leitura correta. Conforme Lupton e Miller comentam (2011a), os textos encontrados pelos arqueólogos variam em disposições que sugerem uma ordem da esquerda para a direita, bem como no que era chamado de *boustrophedon*, palavra grega usada para se referir ao movimento do arado guiado por bovinos, em seu zigue-zague pelos campos. A analogia era utilizada pelos escribas para fazer uma linha iniciar da esquerda para a direita e ter seu fluxo continuando da direita para a esquerda na linha a seguir, voltando para a ordem inicial na terceira linha.

1.3 A *performance* da escrita

Drucker e McVarish (2009) sugerem que os diferentes estilos de paragrafação, pontuação, ordem de leitura e até mesmo desenho das letras se davam porque a escrita foi adotada como uma ferramenta de demonstração e legitimação de poder. Logo, governantes e figuras de autoridade não tardaram a julgar necessário estabelecer limites e convenções para representar os caracteres. Não podemos esquecer que, atrelado à prática da escrita, também existe todo um ecossistema de materiais, técnicas, nível de alfabetização da população, relações entre público receptor e público comunicador e espaços de transmissão de mensagens gráficas disponíveis em cada época.

Nesse sentido, os gregos foram bem-sucedidos em comunicar seus valores e sua cultura por meio da escrita. As tribos latinas, que por volta dos anos 600 a.C. eram dominadas pela civilização etrusca, tiveram contato com os escritos gregos por meio das cidades e dos assentamentos ao sul da península itálica. As letras do alfabeto grego foram logo incorporadas ao sistema de escrita latino, assim como convenções que permanecem até hoje: escrever da esquerda para a direita, justificar linhas, usar espaços para separar cada palavra etc. Esses povos da península expandiriam sua influência e, consequentemente, o uso do alfabeto por toda a Europa, além de regiões da Ásia e do norte da África, no período em que ocorreu a ascensão do Império Romano.

É no alfabeto latino empregado pelos romanos que encontramos, finalmente, nossa letra "A". Inicialmente formada apenas por caracteres maiúsculos, a escrita romana foi amplamente difundida na Europa e tornou-se a base do sistema de escrita que subsequentemente seria adotado por muitos países (Figura 1.7). Cabe destacar que Drucker e McVarish (2009) identificam no Império Romano o surgimento de um tipo de profissional cujo trabalho soa como um "ancestral" do tipógrafo: o ordenador, responsável por pintar as letras nas rochas e nos painéis que seriam posteriormente gravados com os decretos imperiais ou com demais comunicações escritas. O ordenador pintava cada letra calculando seu tamanho, seu espaçamento e sua composição, criando comunicações visuais que almejavam transmitir a monumentalidade do governo romano (Meggs; Purvis, 2009). Para isso, as letras eram alvo de juízos artísticos sistemáticos: linhas retas, caracteres uniformes, traços padronizados e recursos visuais característicos da comunicação hierárquica. Talvez esteja aí o propósito das serifas, os adornos romanos localizados nas bases de cada terminal dos caracteres, produzidos com pinceladas controladas e eternizados pelos gravadores – embora Drucker e McVarish (2009) argumentem que traços similares às serifas já tinham sido identificados em letras gregas, o que torna ainda mais difícil supor uma origem para esse famoso recurso tipográfico.

Figura 1.7 – **Pedras romanas com inscrições**

Um detalhe importante diz respeito ao suporte que as letras recebiam. O uso "performático" da escrita das civilizações clássicas proposto por Drucker e McVarish (2009) destinava-se às gravações em monumentos e espaços públicos e, por isso, seguia padrões elaborados, muitas vezes repetindo modelos de letras convencionados pelas instituições vigentes. Para comunicações locais e registros menores, os romanos desenvolveram um processo de lavagem e limpeza do couro de animais que resultava em uma superfície clara e maleável para comportar tinta. Os rolos de pergaminho substituíram o papiro e, segundo Meggs e Purvis (2009), acabaram se popularizando também em formatos chamados de *códices*: em vez de enroladas, as folhas eram cortadas em formatos retangulares e costuradas em cadernos mais facilmente manipuláveis.

A diferença entre esses dois suportes, o monumento e o pergaminho, novamente fez surgir uma demanda por variações no formato das letras que as deixassem mais simples, para escritas mais rápidas (tal e qual fizeram os egípcios). As letras romanas cursivas dispensavam detalhes de alinhamento e refletiam, com frequência, o estado de espírito de seus escritores, apresentando traços irregulares e maiores diferenças entre os caracteres (Drucker; McVarish, 2009). Com o início do declínio do Império Romano, entre os séculos IV e V d.C., as letras latinas maiúsculas passaram a ser associadas aos resquícios das conquistas dos povos itálicos e encontraram refúgio nas manifestações da Igreja Católica, porta-voz das maiores heranças culturais do Império.

Por conta da dispersão dos povoamentos que pertenciam ao Império Romano pela Europa, novas formas de escrita foram aparecendo, menos monumentais e com o emprego de variados códigos visuais que resgatavam os traços cursivos. No século VII, a ascensão do Império Carolíngio teve uma consequência fundamental para a formação de nosso alfabeto como o conhecemos hoje: para as cópias da Bíblia que eram produzidas pelos mosteiros em seu território, o Imperador Carlos Magno definiu como padrão uma variação da escrita romana formada por letras e caracteres menores, simplificados, que usavam menos traços, ocupavam menos espaço nas páginas e eram mais rapidamente reproduzidos. As letras carolíngias minúsculas, como ficaram conhecidas, tornaram-se parte do alfabeto latino, em um sistema de escrita que se firmou como o mais adotado da Europa Ocidental.

Figura 1.8 – **Trecho de uma página de livro da região da Alemanha, datado aproximadamente do ano 830**

1.4 O alfabeto latino contemporâneo

O alfabeto latino, como sabemos, não era o único que estava se consolidando na época. Obedecendo a variações próprias, as letras do alfabeto grego seguiram um caminho separado, formando outro sistema e emprestando caracteres para as escritas cirílicas, as quais eram amplamente adotadas em territórios bálticos e onde hoje se localiza a Rússia. A escrita arábica e suas variações, adotadas por vários povos no Oriente Médio e na África, foram o resultado de uma longa série de adaptações e modificações do antigo sistema de escrita aramaico (que também é apontado como ancestral do alfabeto hebraico). Um pouco mais longe dali, do outro lado da Rota da Seda, as civilizações asiáticas desenvolviam seus próprios sistemas simbólicos de escrita, assim como avançadas técnicas caligráficas e tecnologias que viriam a se tornar centrais para a tipografia: o papel e a impressão de tipos modulares.

Figura 1.9 – **Jogo de tipos chineses gravados em jade, usados para impressão – Dinastia Song (960-1279)**

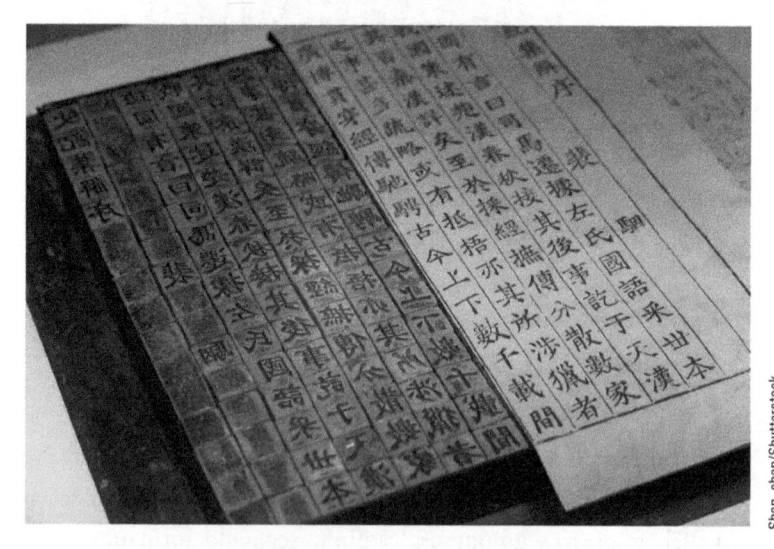

Retornando à Europa medieval, devemos observar que a região da Península Ibérica, por muito tempo sob o controle do Império Romano, igualmente herdou o alfabeto latino como representante das línguas escritas faladas na região (principalmente espanhol, português, galego e basco). O Reino de Portugal, que futuramente empreenderia esforços para estabelecer colônias além dos mares do Oceano Atlântico, também acabou levando o emprego das letras latinas para territórios da América do Sul (Figura 1.10). Por volta do ano 1500, os colonizadores imediatamente iniciaram um processo de implementação da língua portuguesa em seus assentamentos coloniais, gerando um impacto linguístico que suplantou os idiomas locais já em uso pelos povos originários.

Um comentário importante para a tipografia se refere ao entendimento da escrita como parte de um fenômeno comunicativo maior. Souza (2020), por exemplo, define a escrita como uma forma de interação pela qual uma ação das mãos (com ou sem intermediação de instrumentos) deixa traços em uma superfície qualquer. Nesse aspecto, os indígenas sempre escreveram por meio de grafismos, pintura corporal, utensílios e demais manifestações materiais. Mas o contato de diferentes culturas implica, também, o estabelecimento de uma relação entre distintos tipos de escrita. A esse respeito, Franchetto (2008) comenta como o alfabeto empregado na entrada e na aquisição da escrita como instrumento de colonização gera um impacto e opera mudanças significativas nas sociedades. A até então linguagem oral e gráfica empregada pelos indígenas em território brasileiro começou, de repente, a ser representada pelos símbolos e caracteres dos europeus que por ali desembarcavam.

Figura 1.10 – **Planisfério desenhado pelo cartógrafo português Domingos Teixeira (1573)**

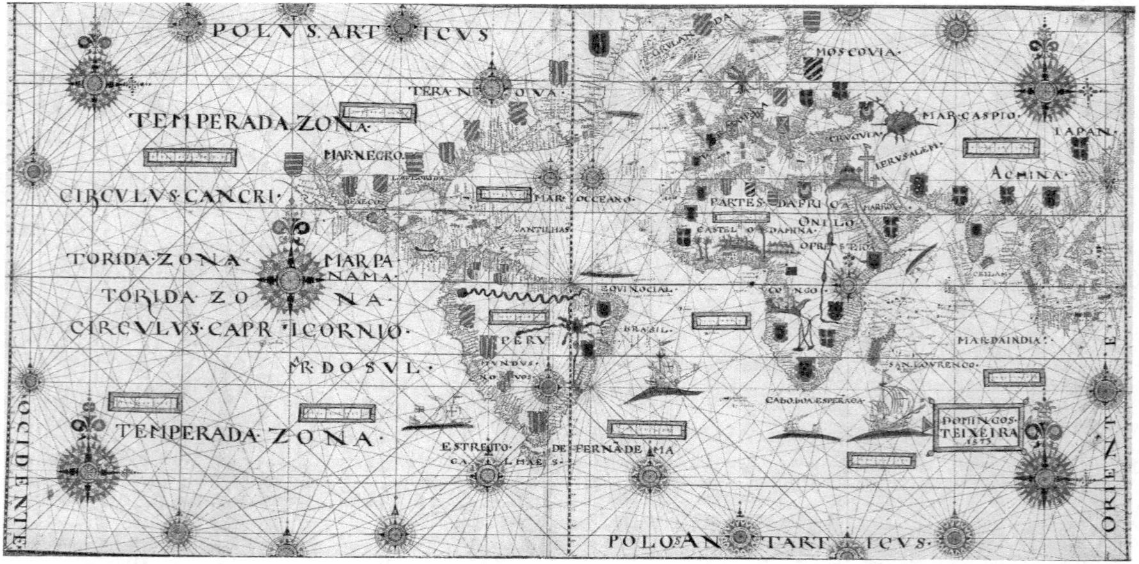

O principal tronco linguístico que acabou sendo representado por esse alfabeto do outro lado do Atlântico foi o tupi. De acordo com Navarro (2005), os jesuítas que estavam em missão no Brasil acabaram sendo responsáveis por transliterar esses idiomas, isto é, transpor as palavras das línguas orais para propostas equivalentes na língua escrita. A chamada *língua geral*, popularizada no território de nosso país nos primeiros séculos de sua colonização, contava com palavras dos idiomas tupis e deixou um legado que permanece presente muitas vezes em nomes de cidades, ruas e parques nacionais, bem como em denominações de itens da flora e da fauna brasileiras, além de tantas outras expressões do português falado no Brasil cuja expressão escrita se dá pelo alfabeto latino.

As últimas mudanças significativas de nosso alfabeto ocorreram no século XX. Com o português já definido como língua principal do país, alguns esforços para caracterizá-lo nacionalmente, afastando-o do espanhol e do português de Portugal, fizeram com que os caracteres "w", "y" e "k" fossem abandonados, deixando-os reservados apenas a situações especiais, como nomes próprios (Fiorin, 2009). Essa regra caiu em virtude de acordos ortográficos mais recentes, que reinstauraram esses caracteres e definiram o alfabeto da língua portuguesa com 26 letras, que hoje utilizamos, em suas formas maiúsculas e minúsculas (um alfabeto bicameral, portanto), com acentuações, sinais diacríticos, numerais (que são uma incorporação arábica) e caracteres especiais de pontuação. Todos esses símbolos estão incluídos no Sistema Unicode, uma convenção tecnológica que codifica os sistemas de escrita usados no mundo desde 1980 e que compila mais de 50 mil glifos.

Figura 1.11 – **Caracteres do alfabeto latino, incluindo alguns glifos especiais, ligaturas, números fracionais e demais símbolos presentes no conjunto de glifos da fonte Linux Libertine**

Maiúsculas

A B C D E F G H I J K L M N O P Q R S T U V W X Y Z

Minúsculas

a b c d e f g h i j k l m
n o p q r s t u v w x y z

Versaletes

A B C D E F G H I J K L M N
O P Q R S T U V W X Y Z

Numerais e frações

1 2 3 4 5 6 7 8 9 0 Ø ⅓ ¼ ½
¾ ⅔ ⅕ ⅖ ⅗ ⅘ ⅙ ⅚ ⅛ ⅜ ⅝ ⅞ ⅟

Ligaturas: [caracteres especiais]

ct ff fi fl ft fh fb æ

Caracteres com diacríticos e internacionais

À Á Â Ã Ä É Ê Ë È Æ Ì Í Î Ï
Ç Ñ Ò Ó Ô Õ Ö Û Ü Ù Ú Ý
à á ä å ã â ç è é ê ë ì í î ï
ñ ò ó ô õ ö ù ú û ü ý

Sinais de pontuação, símbolos e operações matemáticas

? @ [\ ] < = > ¶
÷ ... ! ? # " $ % &
' ( ) * + , − . / : ; `
^ _ { | } ~ ¢ £ ¥ ¦ §

O alfabeto consiste na "matéria-prima" da tipografia, isto é, trata-se de uma instituição cultural sobrevivente das várias disputas e mudanças históricas. Flexível e resiliente, ele permite que consigamos expressar seus elementos das mais variadas formas e, ainda assim, estabelecer laços comunicativos, representar ideias, difundir conhecimentos e espalhar informações. É essa carga, incorporada pela nossa criação dentro de uma cultura, que nos faz entender o porquê de uma letra "a" se parecer com uma letra "a".

SÍNTESE

Antes de compreender o que é a tipografia, é necessário descobrir como o alfabeto latino, o principal material usado pelos tipógrafos, consolidou-se da forma como é hoje. Graças aos caracteres fonéticos empregados pelos fenícios, as letras que foram adotadas pelos romanos também tinham alguns caracteres-chave gregos usados para as vogais. Na Idade Média, o Império Carolíngio difundiu o uso das letras minúsculas, configurando o alfabeto latino bicameralmente. No Brasil, esse alfabeto se impôs a partir da colonização portuguesa e se estabeleceu como a forma oficial de visualizar nossa linguagem.

QUESTÕES PARA REVISÃO

1. Quais foram as principais influências na composição do alfabeto latino?

2. O que caracteriza o rébus e por que ele é fundamental para a formação dos símbolos de um alfabeto fonético?

3. O alfabeto latino contemporâneo agrega em sua composição versões maiúsculas e minúsculas das mesmas letras. Por isso, ele pode ser classificado como um alfabeto:

    a. carolíngio.
    b. romano clássico.
    c. duplo representativo.
    d. protossinaítico.
    e. bicameral.

4. Indique se as afirmações a seguir sobre os símbolos do alfabeto latino são verdadeiras (V) ou falsas (F):

( ) As serifas são detalhes tipográficos presentes em alguns tipos de letra. Elas se originam dos caracteres usados nas inscrições feitas pelos romanos.

( ) O *boustrophedon* é uma ordem de leitura usada pelos gregos da Antiguidade que conectava as linhas em zigue-zague.

( ) É possível afirmar que a escrita desempenhava um papel "performático" em sua função de comunicação pública na Antiguidade.

( ) O alfabeto latino usado nos materiais produzidos no Brasil manteve-se consistente desde a chegada dos colonizadores portugueses.

( ) As letras romanas minúsculas se popularizaram como escrita formal a partir dos manuscritos produzidos no Império Carolíngio.

Agora, assinale a alternativa que apresenta a sequência obtida:

a. F, V, V, F, V.
b. F, F, V, V, V.
c. V, V, V, F, V.
d. F, F, F, V, V.
e. F, V, F, V, F.

5. Assinale a alternativa que apresenta maneiras de agrupar tipos de caracteres latinos:

a. Maiúsculas, versaletes, caracteres internacionais e serifas.
b. Minúsculas, numerais, frações e ligaturas.
c. Maiúsculas, minúsculas, firulas e numerais.
d. Sinais de pontuação, versaletes e faces tipográficas.
e. Maiúsculas, minúsculas, numerais e apêndices.

QUESTÕES PARA REFLEXÃO

1. De que modo o alfabeto utilizado no Brasil poderia ser composto se não tivesse sido estabelecido em um momento de dominação colonial?

2. Que tipo de movimentos e dinâmicas sociais acaba criando demandas para o uso de novas letras e símbolos?

Diego Schutman/Shutterstock

Capítulo 2

A DEFINIÇÃO DA TIPOGRAFIA

CONTEÚDOS DO CAPÍTULO
- A relação estreita entre a tipografia e as tecnologias de impressão.
- As diferentes formas de definir a área de estudos da tipografia.
- A consolidação da tipografia como disciplina.

APÓS O ESTUDO DESTE CAPÍTULO, VOCÊ SERÁ CAPAZ DE:
- compreender os principais pontos da história moderna da tipografia;
- discutir conceitos tipográficos aplicados a diferentes contextos.

2.1 Considerações iniciais

Se no capítulo anterior fizemos uma viagem pelo tempo para descobrir como as letras se tornaram o que são, agora precisamos nos fazer outra pergunta: Como a tipografia se tornou a disciplina que conhecemos hoje? Essa questão é um pouco mais complexa porque, de fato, a resposta dela já passou por muitas versões e, certamente, continuará mudando, de modo a acompanhar as modificações das tecnologias empregadas para o tratamento de nossa matéria-prima, o alfabeto.

Uma definição clássica é a que encontramos em Meggs (1992): **a tipografia trata da impressão com pedaços de metal ou madeira móveis e reutilizáveis, cada um dos quais com uma letra em alto--relevo.** Essa definição está bastante assentada na tecnologia que se consolidou com a configuração inicial das impressoras renascentistas, o que nos ajuda a marcar uma diferenciação fundamental: essa profissão aparece quando é possível identificar um distanciamento prático entre ela e a caligrafia, sua precursora.

2.2 A caligrafia medieval e as bases da tipografia

No período que se seguiu à queda do Império Romano, mais ou menos no milênio entre os séculos V e XV, a reprodução de trabalhos escritos e a disseminação da informação estiveram nas mãos de monges copistas e demais indivíduos envolvidos nas técnicas de cópia, caligrafia e iluminação dos manuscritos medievais. Por muito tempo, a única forma de produzir ou reproduzir um livro era confiar as escrituras originais às instituições religiosas e, mais tarde, às primeiras universidades fundadas na Europa. Nesses centros, pessoas passavam semanas, meses ou até mesmo anos para produzir uma única cópia de um livro, criando as letras à mão e conferindo um caráter singular a cada obra reproduzida (Figura 2.1).

Figura 2.1 – **Página de manuscrito medieval**

Conforme apontam Drucker e McVarish (2009), na Era Medieval os livros se configuravam de acordo com o que se valorizava na época em termos de material escrito. Tanto nos aspectos formais quanto no conteúdo, um livro servia para, antes de tudo, ser contemplado pelo seu caráter religioso – as taxas de alfabetização na Europa medieval eram baixíssimas. Havia, portanto, um caráter devocional nos atos de ler e escrever, ofícios intimamente ligados ao clero. A leitura era quase como um ritual, do qual o livro fazia parte.

Caligraficamente, as letras desenhadas na Idade Média foram a fundação para o *layout* do livro que conhecemos atualmente. Seus diferentes formatos, como explica Harris (1995), baseavam-se em distinções que, primeiramente, partiam do objetivo em questão: as letras formais eram reservadas a cópias de livros e documentos de autoridade, prestigiosos, enquanto as letras informais, de aspecto mais cursivo, eram usadas em cartas particulares e em outros documentos menos públicos. Dependendo da região onde eram produzidos, os códices recebiam letras que hoje classificamos como góticas, fracturais, humanistas, itálicas, bastardas ou *quadratas*. Todas eram resultado de diferentes traços possíveis de serem realizados com as ferramentas empregadas pelos copistas: pincéis, penas, canetas de junco ou metálicas com pontas retas e chanfradas. Deslizando esses materiais pelos pergaminhos, os copistas promoviam diferentes modulações para os traçados. Como o ângulo da caneta era fixo, isso criava diferenças de espessura nas linhas das letras, atribuindo uma identidade própria para cada modelo (Figura 2.2).

Figura 2.2 – **Ângulo formado pela caneta caligráfica no desenho de uma letra "o"**

stockvit/Shutterstock

O formato do livro medieval era consideravelmente maior que o de seus descendentes modernos. Era raro viajar carregando livros ou transportá-los várias vezes: o livro era um artefato geralmente fixo, um ponto de encontro para seus leitores. As grandes páginas recebiam respiros laterais, que eram usados para anotações. Muitos carregavam verdadeiras conversas de estudiosos que os consultavam e deixavam suas impressões, criando páginas caóticas e pouco intuitivas para a leitura. Segundo Drucker e McVarish (2009), os livros foram se tornando cada vez mais populares e requisitados. A leitura escolástica, proporcionada pelos círculos intelectuais que se formavam em torno de universidades e de outras instituições de pesquisa, demandava recursos literários para auxiliar tanto a navegação interna, entre as páginas, quanto a comparação simultânea de livros diferentes.

Tais demandas resultaram em várias convenções que sobrevivem até hoje. Separar o texto em parágrafos, iniciando cada um com uma letra maiúscula para facilitar a leitura interrompida, foi uma das primeiras adaptações caligráficas pensadas para melhorar o manejo dos textos. Outras formas de variação de letras para a diferenciação de títulos, a numeração das páginas e a padronização dos sinais de pontuação foram surgindo, mas sempre enfrentando resistências e precisando ser equilibradas com noções de aproveitamento das escassas páginas, que em vários casos precisavam ser lavadas para que o pergaminho pudesse ser reaproveitado (esse tipo de artefato recebe o nome de *palimpsesto*).

2.3 A tipografia renascentista

Durante a Baixa Idade Média, que durou do século XIII ao XV, os centros urbanos europeus agregavam uma multiplicidade de pessoas, visões de mundo e espaços para encontros de diferentes tipos de pensamento. A ideologia secularista, que então se contrapunha aos dogmas religiosos, oferecia espaço para que pensadores, cientistas e pesquisadores compartilhassem seus achados e propusessem as bases para novos campos de conhecimento, desatrelados dos domínios bíblicos. O período que popularmente conhecemos como Renascimento é, na visão de historiadores como Ada Palmer (2020), nada mais que uma continuação da Idade Média, tendo ampliado não só suas qualidades positivas na vida das pessoas como também as negativas. O avanço tecnológico, por exemplo, trouxe novos artefatos, produtos e ferramentas, mas permitiu que armas mais letais começassem a ser usadas nas várias guerras que aconteciam na época. Inovações no sistema financeiro, o surgimento de bancos e as redes de conexão proporcionadas pelas novas lógicas econômicas também fizeram com que novas classes sociais começassem a se desenhar, como a burguesia.

Foi nesse contexto que Johannes Gutenberg (Figura 2.3), em torno do ano 1450, se tornou um famoso personagem na história do design gráfico. Uma das demandas que as crescentes redes de intelectuais fizeram surgir diz respeito ao seguinte problema: Como copiar livros mais rapidamente? Era necessário que uma tecnologia mais eficaz que a mão humana surgisse para reproduzir os textos que circulavam pelas cidades da Renascença: a atualização de estudos em artes, astronomia, biologia e medicina dependia disso.

Meggs e Purvis (2009) comentam que a xilografia já era uma técnica bastante difundida, utilizada para imprimir panfletos religiosos e cartas de jogos de baralho. Os chineses, por meio da mesma técnica (muitas vezes substituindo madeira por porcelana) ao menos desde o século IX, organizavam os símbolos de sua linguagem escrita modularmente, criando matrizes que eram prensadas contra o papel para imprimir a mesma página várias vezes. A contrapartida é que a língua chinesa tinha um conjunto de milhares de caracteres, o que tornava o manuseio da máquina, bem como a logística e a organização das peças, um trabalho bastante complexo. Para línguas que usavam o alfabeto latino, a quantidade de letras modulares, ou tipos, como são chamados, seria bem menor.

Figura 2.3 – **Ilustração de Gutenberg em sua oficina (1881)**

Everett Collection/Shutterstock

Junto aos seus assistentes, o impressor avalia uma página recém-prensada.

Os relatos de Meggs e Purvis (2009) acerca da invenção da prensa tipográfica são detalhados e, com as observações de Drucker e McVarish (2009), ajudam-nos a compreender que o inventor estava cumprindo uma série de requisitos para resolver os problemas da época, os quais impediam que a impressão em grande escala fosse uma tecnologia viável. Entretanto, as engenhosas soluções propostas por Gutenberg tiveram um preço: obrigaram-no a contrair pesados empréstimos, que o levaram à bancarrota antes que seu ambicioso projeto da Bíblia de 42 linhas, pelo qual é famoso até hoje, fosse concluído.

Por exemplo, para reproduzir cada letra separadamente em metal, Gutenberg desenvolveu uma liga metálica à base de chumbo

(Figura 2.4), um material maleável, de secagem rápida e que permitia criar muitas letras a partir do mesmo molde de bronze. Embora mais durável, o tipo metálico não absorvia muito bem as tintas usadas na madeira. A solução, então, foi desenvolver uma tinta mais espessa, à base de óleos.

Figura 2.4 – **Ilustração de punção metálica usada para gravar tipos (à esquerda) e matriz resultante (à direita) que receberia o chumbo derretido para a fabricação do tipo móvel (1876)**

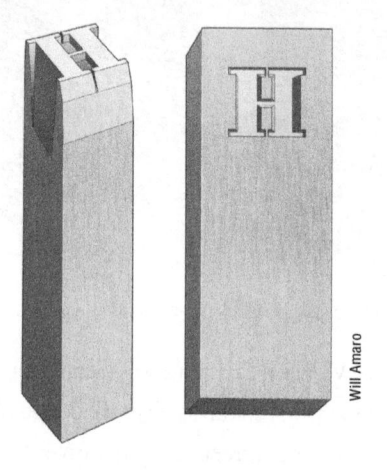

A escolha do estilo das letras foi baseada na caligrafia popular da região germânica, em um formato derivado das letras no estilo *textura quadrata* que hoje chamamos de *escrita gótica*, *fractural* ou *blackletter* (Figura 2.5). As letras foram dispostas em duas colunas de igual largura, um feito somente possível por conta da flexibilidade do alfabeto latino, que permitia a separação de palavras e a justificação das linhas. Imitando os manuscritos iluminados, Gutenberg deixou espaços para capitulares e títulos que foram inseridos com tipos especiais de madeira ou em acabamentos posteriores à impressão. Depois de reunir os tipos a serem impressos, o inventor precisava pressioná-los contra o papel com força suficiente para garantir a uniformidade de cada caractere. Para tanto, ele adaptou uma prensa com base nos modelos utilizados para a fabricação de queijos e o envase de vinhos, com uma grossa tampa apertada a partir de um torniquete.

Figura 2.5 – **Manuscrito medieval germânico, com o uso de caligrafia fractural**

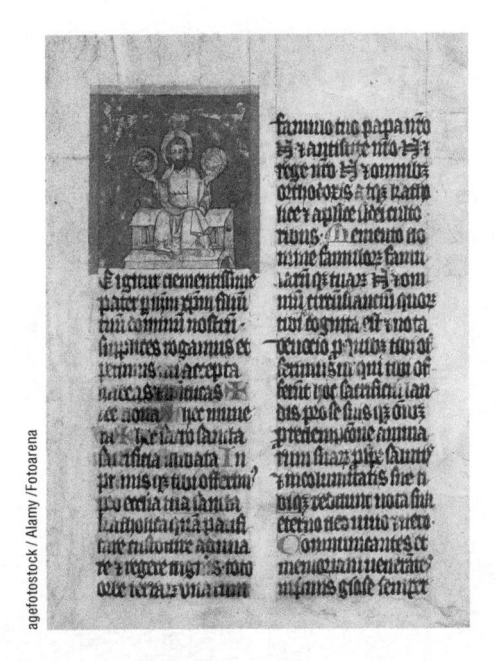

O grande legado do conjunto de tecnologias utilizado por Gutenberg para viabilizar sua prensa tipográfica foi a noção de que a reprodução do texto escrito seria um trabalho serializado, sujeito à especialização das pessoas que dele participavam. Isto é, faria mais sentido empregar vários funcionários, cada qual focado em uma etapa do processo, do que deixar tudo a cargo de um mesmo indivíduo. Drucker e McVarish (2009) veem na impressão tipográfica renascentista um protótipo do modelo de trabalho que se popularizaria com a industrialização, alguns séculos mais tarde.

Após a invenção de Gutenberg, a tipografia se espalhou pela Europa e, nos anos seguintes, a atividade sofreu uma grande expansão em sua prática. Impressores da Itália, da França, do Reino Unido e da Alemanha empregavam modelos de letras baseados no repertório deixado por copistas e demais praticantes da caligrafia medieval. Esses primeiros livros impressos são chamados de *incunábulos*, em virtude de sua semelhança com o estilo do *layout* medieval (Figura 2.6).

Figura 2.6 – **Páginas de livro renascentista publicado em 1493, em Nuremberg**

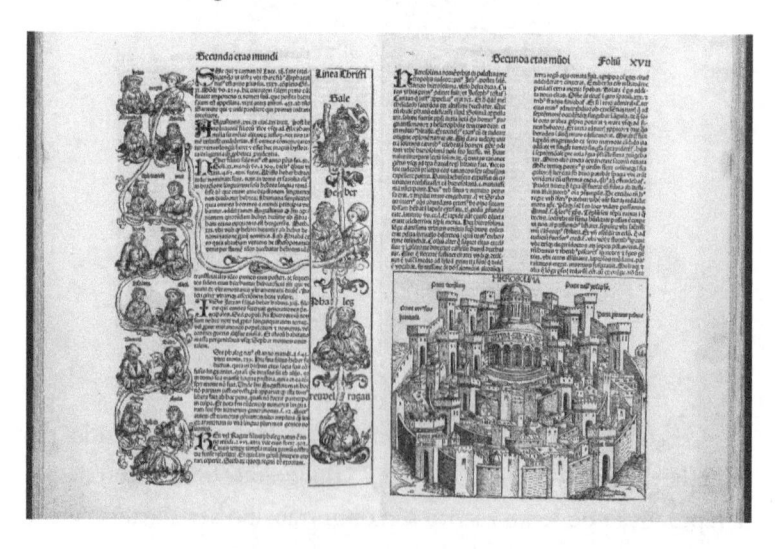

No incunábulo, tanto o estilo das letras quanto o *layout* da página exibiam muita influência do manuscrito medieval.

Entretanto, o público renascentista, então em contato com resgates e traduções de obras do antigo latim e do grego, forçou um rompimento com o estilo das fontes usadas por Gutenberg. As letras fracturais e góticas, populares no território alemão, logo se viram substituídas pelas letras romanas, cujas serifas e traços humanistas eram vistos como mais próximos desses materiais literários e, consequentemente, um pouco menos vinculados aos escritos religiosos (Figura 2.7).

Figura 2.7 – **Folha de rosto de brochura impressa em 1684, na Holanda, com características de um material datado do fim da era renascentista**

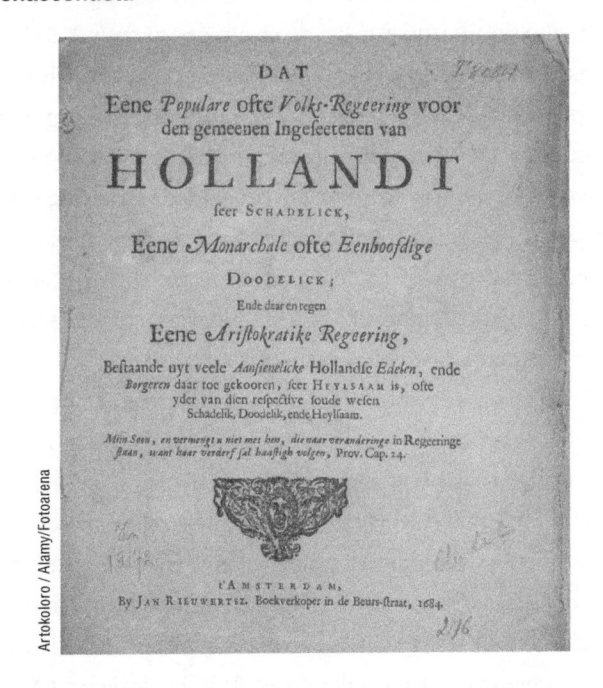

À época, a tipografia já se distanciava do modelo medieval, mas as letras preservavam os traços humanistas da caligrafia.

Aos poucos, tais detalhes relativos à diferenciação de estilos de letras, à modularização do traço, ao tamanho dos caracteres impressos e a outras características passaram a ser estudados com mais ênfase. O conhecimento técnico cultivava trabalhadores cada vez mais conscientes do seu novo papel nessa indústria em florescimento.

2.4 O público leitor-consumidor do Iluminismo

Agora podemos abrir um parêntese para tratar da palavra *tipografia*. Ela é uma aglutinação de dois radicais gregos: *typos*, comumente empregado para se referir à forma ou à figura de alguma coisa, e *graphein*, cujo significado está ligado ao ato de escrever. A essência da tipografia, segundo os designers Chuck Byrne e Martha Witte (2001), está no **processo de determinar as características e a organização dos tipos em relação à interpretação ou apresentação do texto ou das palavras, de modo a ampliar sua capacidade comunicativa e expressiva**. Já na época do Renascimento, artistas como Geofroy Tory se indagavam sobre maneiras "corretas" de desenhar letras, aplicando os conceitos artísticos que então se disseminavam, como a perspectiva, as proporções humanísticas e a geometria descritiva.

O desenho das letras passou a incorporar crenças e atitudes das diferentes épocas nas quais eram idealizadas. Conforme o ofício da tipografia se distanciava da caligrafia, novas convenções eram adotadas e antigas regras eram quebradas. O crescente secularismo da era que conhecemos como Iluminismo trouxe padrões de estilo que refletiam outra tendência que, aos poucos, se tornava o padrão entre os intelectuais: o racionalismo e sua visão científica acerca do conhecimento demandava que regras e diretrizes fossem aplicadas ao desenho das letras. O eixo dos caracteres – uma característica que examinaremos com mais atenção nos próximos capítulos – era sempre inclinado para a esquerda, em razão do traço caligráfico que servia de base para as letras impressas.

Pelo viés racionalista, não haveria motivo para que a letra impressa, reproduzida por meio de uma máquina, imitasse a escrita da mão humana. Estilos com eixos retos, menos modularização nos traços e padrões de desenho matematicamente calculados começaram a surgir principalmente na França. Segundo Meggs e Purvis (2009), o Rei Luís XIV decretou que, em 1692, um comitê de especialistas deveria desenvolver um novo modelo para o desenho das letras da Imprensa Real, as quais teriam de ser projetadas com base em critérios científicos. Seus traços rompiam com os tipos renascentistas, eram uniformizados, e cada letra tinha seu peso gráfico calculado a partir de uma malha de construção. Esse paradigma subentendia um rompimento entre o calígrafo e o novo personagem envolvido no desenho das letras: um engenheiro tipográfico ou um projetista visual (Figura 2.8).

Figura 2.8 – **Esquema de desenho de letras a partir de um *grid* geométrico**

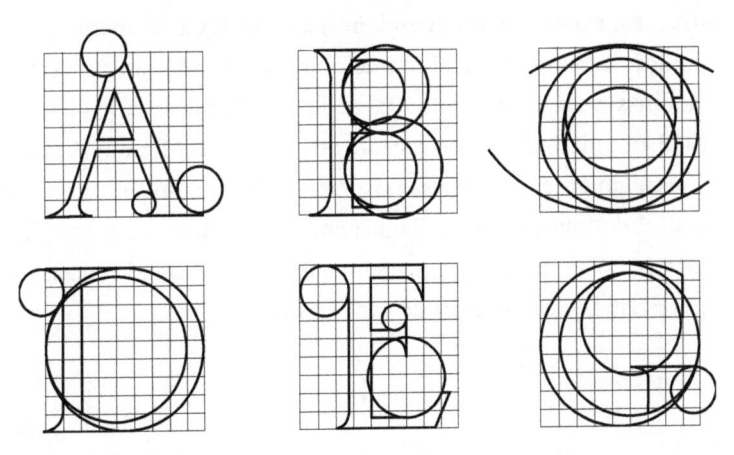

Os traços são calculados matematicamente em vez de serem baseados na caligrafia, o que cria um eixo racionalista para os caracteres.

O cenário da tipografia ganhou novos personagens ao longo dos séculos XVII e XVIII. Além dos livros e folhetos de divulgação científica ou religiosa, a literatura, os ofícios burocráticos do Estado e os serviços de comunicação se difundiam com muito mais abrangência. Novos formatos, como o jornal, a revista e outros impressos serializados, foram possíveis graças às prensas tipográficas cada vez mais sofisticadas e à grande força de trabalho que se estabelecia em torno delas. Misturas de técnicas e impressões em diferentes materiais e cores geraram a possibilidade de usar letras maiores, mais chamativas e com maiores variações de formato. Os traços únicos das letras *display* rompiam com os padrões matemáticos do racionalismo e apostavam em suas formas extravagantes para chamar atenção em anúncios e materiais comerciais. Como mencionam Drucker e McVarish (2009), o leitor já não era mais apenas leitor, mas um consumidor de informações.

A tipografia assumia um caráter parecido com o expresso pelas palavras que Bringhurst (2005, p. 17, grifo do original) usa para definir a disciplina: "**é o ofício que dá forma visível e durável (e, portanto, existência independente) à linguagem humana**". Essa definição finalmente se afasta de objetos como letras, suportes e máquinas e se concentra no que de fato a tipografia entrega como discurso: uma maneira de separar quem fala daquilo que é falado. Resumidamente, a impressão e a tipografia criaram um universo possível de transmissão da linguagem humana que fez a disciplina atravessar o tempo e o espaço como nunca antes, levando consigo as características tecnológicas de cada época.

2.5 Tipografia pré-moderna

A tipografia está tão vinculada à política e à autoridade que as primeiras casas de impressão no Brasil só foram autorizadas a funcionar a partir da vinda da Família Real portuguesa, em 1808 (Melo; Ramos, 2011). Antes, a atividade era proibida no território das colônias, embora alguns historiadores tenham registrado indícios de produções tipográficas no país antes dessa data. Segundo Bragança (2009), cerca de 60 anos antes da chegada da Família Real, António Isidoro da Fonseca publicara o primeiro livro impresso brasileiro, no Rio de Janeiro:

> A primeira edição feita no Brasil foi o relato da "entrada" do Bispo D. António do Desterro Malheyro, escrita pelo Juiz de Fora e Provedor de Defuntos e Ausentes, Luiz Antonio Rosado da Cunha. Tinha, como era comum na época, um longo título: *Relação da Entrada que fez o Excellentissimo, e Reverendisssinho Senhor D. F. Antonio do Desterro Malheyro, Bispo do Rio de Janeiro, em o primeiro dia deste prezente Anno de 1747, havendo sido seis Annos Bispo do Reyno de Angola, donde por nomiação de Sua Magestade e Bulla Ponficia, foy promovido para esta Diocesi.* (Bragança, 2009, p. 119-120, grifo do original)

O folheto impresso de António Isidoro parece ter gerado controvérsia tanto pelo exercício inédito da tipografia em território colonial quanto pelo teor da mensagem (uma missão religiosa supostamente não autorizada pela Igreja). A Coroa portuguesa imediatamente ordenou o desmonte de sua oficina, reforçando o tratamento proibitivo que Portugal impunha sobre o Brasil. Não há um consenso sobre as motivações dessa proibição. Bragança (2009) aponta para um jogo de interesses entre os comerciantes de livros do continente europeu e os possíveis focos de concorrência que poderiam surgir nas colônias.

Entretanto, é preciso reconhecer a potência que se forma quando redes de conhecimento se estabelecem. Por contribuírem para a formação da opinião pública, os jornais e folhetos informativos desempenharam um papel vital nas insurreições que se desenrolaram na Europa entre os séculos XVII e XVIII (Drucker; McVarish, 2009). Por isso, era de grande interesse do poder real português que os únicos materiais impressos a circularem pelo território colonial fossem de origem portuguesa.

Figura 2.9 – **Primeira página da primeira edição da *Gazeta do Rio de Janeiro*, impressa pela Imprensa Régia em 1808**

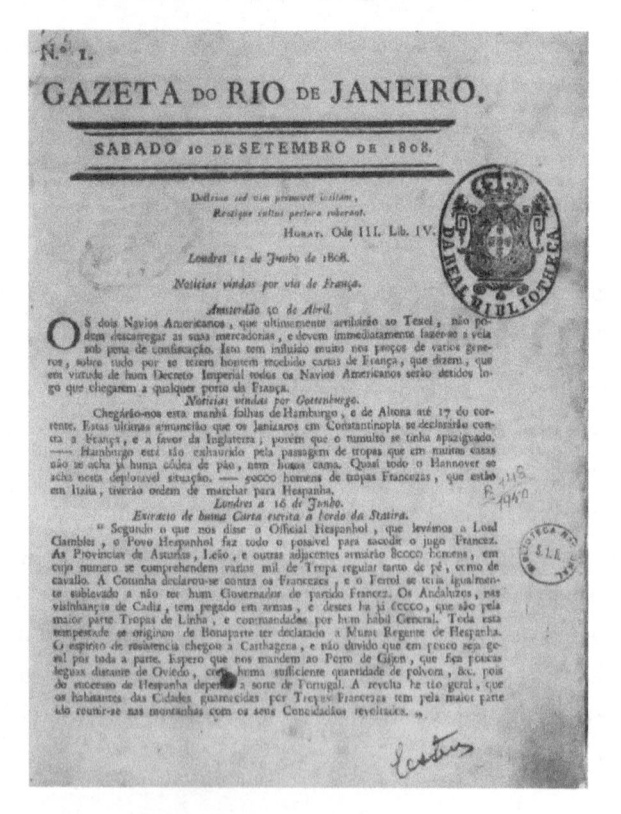

O jornal tinha edições lançadas duas vezes por semana, e seu conteúdo consistia basicamente de informes e notícias editadas pelo próprio governo.

O ofício tipográfico passou por grandes variações de abordagens e estilos nos séculos que se seguiram ao Renascimento, mas experimentou poucos acréscimos tecnológicos. A fundição dos tipos metálicos era feita manualmente, a partir de um molde de fundição apoiado sobre uma matriz reta, que era gravada com uma cunha de aço (ou punção). Apenas em 1833 o método da galvanoplastia viria a substituir esse procedimento, trazendo o recurso da galvanização para a corrosão do metal e o desenho da letra (Aragão, 2016).

O método de composição tipográfica seguia uma fórmula estabelecida: os tipos móveis eram organizados em linhas, e cada linha era amarrada às outras, formando a matriz da página a ser impressa (Figura 2.10). Para facilitar essa composição, os tipos eram organizados em caixas com tamanho e posicionamento definidos pela frequência de uso de cada caractere: as letras minúsculas ficavam nas caixas mais abaixo, ao alcance rápido das mãos, e as maiúsculas, nas caixas mais acima (eis a origem dos termos *caixa-alta* e *caixa-baixa* para diferenciar os dois tipos de caractere). No início do século XIX, o lorde britânico Charles Stanhope coordenara a construção de uma prensa com peças metálicas cuja principal inovação era um conjunto de engrenagens que deixava o processo de impressão mais leve, mas ainda assim movimentado pela força humana (Meggs; Purvis, 2009).

Figura 2.10 – **Método de composição tipográfica manual**

AgentKPhotography/Shutterstock

Após a Revolução Francesa, o mundo se deparou com o estabelecimento de Estados republicanos e democráticos com uma frequência cada vez maior. A ligação entre a imprensa e a política criava novas demandas em termos de eficiência, alcance e agilidade de composição de materiais impressos, pois uma relação de retroalimentação entre a vida pública e os dispositivos de manutenção de tais Estados era evidente. Os movimentos de industrialização que iniciavam na Europa (principalmente na Inglaterra) e nos Estados Unidos propiciavam a implementação do maquinário em processos de produção de bens de consumo, cujos efeitos eram perceptíveis em termos de mecanização da mão de obra, padronização da produção e aumento da velocidade. Por exemplo, os teares industriais substituíam a tecelagem artesanal e produziam peças de vestuário em volume muito maior. As casas de fundição e oficinas de cerâmica industriais confeccionavam peças e artefatos a partir de moldes, empregando diferentes profissionais para as etapas de produção e aplicando estilos que satisfaziam os gostos da população cada vez mais urbanizada.

No despertar da Revolução Industrial, uma tendência de separação entre quem compunha e quem produzia livros estava se estabelecendo. Drucker e McVarish (2009) comentam que, durante o Iluminismo, as gráficas e editoras já se encontravam separadas das *type foundries*, isto é, das fábricas de fundição tipográfica responsáveis pelo desenho e pela gravação dos tipos móveis. Após a composição das páginas e a gravação das matrizes, o livro ainda passava por provas de leitura e revisão. O mercado editorial encontrava-se bastante aquecido e formando públicos fiéis de leitores, fato comprovado pelas listas de assinatura presentes em livros impressos pela Europa. Cada vez mais um nível alto de profissionalização e experiência era demandado dos responsáveis pela composição dos materiais impressos, visto que os avanços científicos, as engenharias e os conhecimentos nas áreas de medicina, cartografia, geografia, economia e astronomia dependiam da precisão das informações que circulavam em livros e periódicos.

2.6 O impacto da industrialização

Com a atividade industrial mais estabelecida como modo de produção no Hemisfério Norte, a tipografia também precisou adaptar-se aos novos modelos. A técnica de impressão litográfica, popularizada desde o fim do século XVIII, permitiu que texto e imagem fossem reproduzidos em conjunto, criando novas possibilidades para a indústria da publicidade e propaganda. Entretanto, materiais diários como os jornais demandavam tecnologias nos moldes que os maquinários industriais proporcionavam aos outros segmentos da economia. Em Londres, para competir com a prensa de ferro de Stanhope, o alemão Friedrich Koenig desenvolveu uma máquina movida a vapor que usava cilindros entintáveis, capaz de produzir 400 folhas impressas por hora – um recorde para o seu tempo. Contudo, a composição dos tipos ainda era manual: letra por letra, linha por linha, página por página.

No Brasil, as primeiras gráficas e editoras firmaram-se no Rio de Janeiro, em razão do *status* de capital que a cidade mantinha na época. Como informa a pesquisa de Aragão, Farias e Lima (2013), a Imprensa Régia foi fundada em 1808, logo após a chegada da Família Real portuguesa, e manteve sua relevância editorial até o deslocamento dos parques gráficos para São Paulo, onde a industrialização nacional teve seu foco já na primeira metade do século XIX. Em 1810, juntamente com a Imprensa Régia, o Brasil recebia também sua primeira fundição tipográfica.

As casas de fundição divulgavam as famílias tipográficas disponíveis por meio de catálogos que apresentavam uma demonstração da fonte impressa, com informações sobre tamanhos e caracteres existentes. Essas fontes eram baseadas nos modelos que circulavam no Hemisfério Norte, o que se manifestou em uma notável influência tipográfica francesa, alemã, italiana e norte-americana na produção nacional (Aragão; Farias; Lima, 2013). De difícil datação exata, tais catálogos são registros de uma época na qual a transição tecnológica entre a composição manual e a automatizada já deixava marcas no ofício tipográfico.

Por volta da segunda metade do século XIX, a eletricidade passou a substituir o vapor como forma de combustível para as máquinas, dando origem a novas possibilidades de produção. É nesse contexto que se destaca outro personagem de significativa contribuição para a tipografia: Ottmar Mergenthaler, um imigrante alemão, relojoeiro, que trabalhava em uma oficina mecânica nos Estados Unidos. Ele foi contatado por um estenógrafo do gabinete do governo de Abraham Lincoln que estava tentando desenvolver maneiras mais rápidas de criar cópias de suas anotações e autos judiciais (Linotype..., 2012).

Após décadas de tentativas para automatizar o processo de composição tipográfica, o inventor finalmente chegou a um protótipo que sistematizava o agrupamento de tipos em tubos separados (Figura 2.11). Por meio de uma malha que "segurava" cada tipo por dentes com configurações específicas, Ottmar projetou uma intricada forma de compor linhas de tipo (por isso o nome *line-o'-type*), enfileirando-os a partir de teclas pressionadas. Tais linhas eram usadas como moldes para um sistema de fundição acoplado à máquina, que injetava uma liga de chumbo e estanho rapidamente solidificada, formando blocos prontos para a entintagem e composição dos parágrafos de texto (Figura 2.12). Os tipos usados para a fundição dessas matrizes eram enviados para um módulo distribuidor, que os devolvia aos tubos. À época, o que uma única máquina linotipo fazia era o equivalente à força de trabalho de seis compositores (Linotype..., 2012).

Essa verdadeira geringonça de duas toneladas era capaz de causar queimaduras de segundo e terceiro graus se operada erroneamente. Ao contrário dos teclados contemporâneos, a operação da Linotype não incluía teclas de deletar ou apagar palavras escritas. Então, se o tipógrafo cometia algum erro, ele precisava "resetar" a linha pressionando as duas primeiras fileiras de teclas, o que formava a expressão *etaoin shrdlu*, que muitas vezes saía impressa por acidente no meio dos textos (Linotype..., 2012). Com uma operação parecida, as máquinas Monotype, também de origem norte-americana, fundiam caracteres individuais e já os enfileiravam em linhas e parágrafos.

Figura 2.11 – **Anúncio da máquina de linotipo de Mergenthaler (1891)**

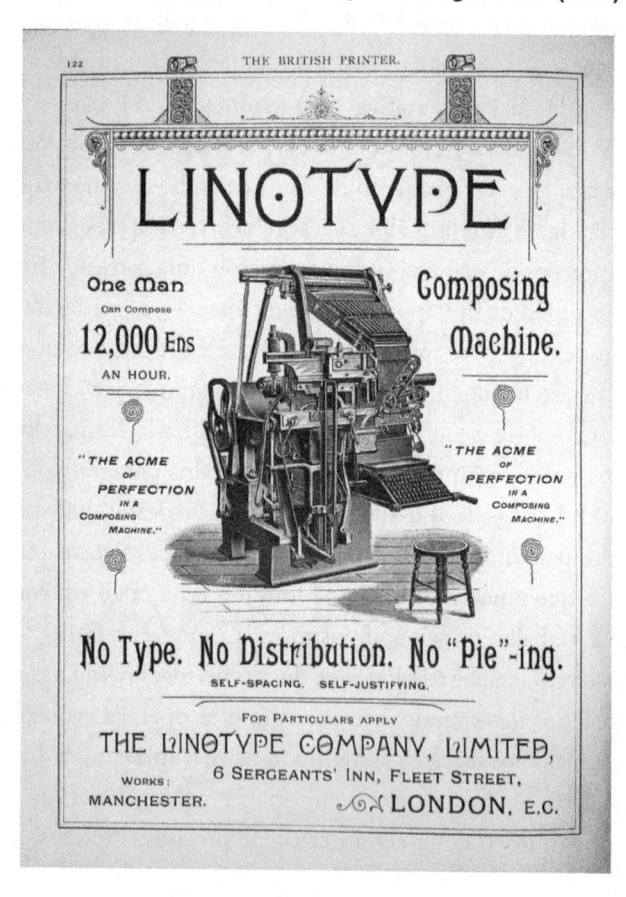

Figura 2.12 – **Tipo móvel utilizado na máquina de linotipo, com os dentes usados para a reposição automática**

Brett Holmes/Shutterstock

O ingresso das máquinas de tipografia causou impactos no mundo da produção gráfica. Por exemplo, barateou muito o processo de impressão jornalística, o que tornou o negócio muito mais viável e formou o padrão de consumo diário de notícias que se preservou por muito tempo. No Brasil, a máquina de Mergenthaler ficou conhecida como *máquina de linotipia*. O parque gráfico da Imprensa Nacional chegou a empregar mais de duzentas dessas máquinas, que começaram a ser abandonadas por volta dos anos 1960 (Brasil, 2018). Revoltas aconteceram nos escritórios de tipografia norte-americanos: os clicheristas, como eram chamados os trabalhadores que organizavam os tipos e clichês para impressão, sentiram-se ameaçados pela eficiência da máquina. A Linotype representava a epítome da engenharia vitoriana, e seu aspecto gigantesco comunicava a sina do desenvolvimento industrial-capitalista: a substituição do trabalhador por uma contraparte mais eficiente, automatizada.

Figura 2.13 – **Placa com caracteres da fonte Futura Extrabold para fotocomposição**

Foi somente após a Segunda Guerra Mundial que outra tecnologia, a qual lentamente passou a ocupar o espaço nos *bureaus* de composição, foi capaz de substituir as Linotypes: os processos de fotocomposição, que tinham muitas vantagens em comparação com os tipos metálicos. As famílias tipográficas, agora gravadas em discos ou placas vazadas, eram mais facilmente substituíveis por outras fontes. Seu *layout* era mais controlável: o tamanho dos caracteres poderia ser ampliado ou diminuído pelo controle da iluminação que projetava as letras na matriz. A experimentação tipográfica característica da segunda metade do século XX foi facilitada pelo fato de que processos como a configuração por fototipos eram muito mais baratos do que fundir novas letras. Isso permitia que designers testassem mais, fazendo combinações de estilos diversos. Tal processo foi dominante em estúdios e escritórios gráficos naquela época, até que os computadores digitais se tornaram acessíveis.

2.7 Processos tipográficos contemporâneos

Com o processo de editoração gráfica auxiliado por computadores, as famílias tipográficas deixaram de ser arquivos físicos ou fotocomponentes e passaram a ser arquivos digitais, guardados no próprio computador e renderizados nas telas como *pixels* a partir da intermediação de *softwares* gráficos ou do próprio sistema operacional da máquina. Cada transição tecnológica demandou que fontes fossem adaptadas, traduzidas para seus novos formatos, preservando suas características de estilo e criando vastas bibliotecas tipográficas com as quais atualmente é possível compor infindáveis modos de disposição textual para formatos destinados à impressão ou à visualização em telas, projeções, painéis de controle, *video games*, filmes etc. Segundo Keith (2016), mais de 90% do conteúdo *on-line* se apresenta em forma de texto, o que demanda uma grande atenção para a forma tipográfica da organização desse conteúdo. O que começou como uma maneira de otimizar a produção impressa é, hoje, a principal forma de comunicar informações e transmitir conhecimentos pela internet. Nesse contexto, as fontes tipográficas sequer precisam ser instaladas nos computadores pessoais. Já existem vários serviços de hospedagem de fontes. Portanto, o designer necessita apenas incluir códigos que inserem essas fontes em seus *layouts* destinados à *web* e pode alterar seus parâmetros tipográficos por meio de simples comandos nas folhas de estilo. Assim, em virtude das várias ferramentas de personalização da *web*, mesmo as escolhas tipográficas como tamanho, estilo ou cores das letras já são parte da experiência dos usuários.

Nessa perspectiva, a abrangente definição de Farias (2013, p. 11) é uma tentativa de englobar todo o potencial projetual da tipografia:

> o conjunto de práticas subjacentes à criação e à utilização de símbolos visíveis relacionados aos caracteres ortográficos (letras) e paraortográficos (tais como números e sinais de pontuação) para fins de reprodução, independentemente do modo como foram criados (a mão livre, por meios mecânicos) ou reproduzidos (impressos em papel, gravados em um documento digital).

Para que uma definição seja útil (e aqui nos referimos a qualquer uma das quatro definições de tipografia apresentadas neste capítulo), ela precisa ter correspondência no mundo real. De que modo a tipografia é exercida no Brasil atualmente? Um marco no estabelecimento da tipografia como disciplina foi a fundação do Museu de Arte Moderna (MAM), no Rio de Janeiro, em 1948. Segundo a pesquisa de Dias (2004), a partir da década de 1950, a diretoria da instituição iniciou um projeto de implementação de uma escola técnica anexada ao museu, sob a orientação de Max Bill e dos professores Tomás Maldonado e Oitl Aicher, da Escola Superior de Design alemã. Apesar de alguns problemas para executar o projeto, o curso ganhou um núcleo de ensino de tipografia em 1962, liderado por Alexandre Wollner, Aloísio Magalhães e Goebel Weyne.

Silveira (2014) destaca um segundo ponto interessante para a consolidação da prática tipográfica no ensino do design no Brasil: no final da década de 1970, o curso de graduação em Programação Visual da Universidade Federal de Pernambuco (UFPE) contava com a prática experimental de desenho de tipos, ainda que eles não fossem, de fato, produzidos para aplicação. Os cursos de Design e Artes Visuais, no Brasil, estabeleceram-se após a apreciação do modelo adotado pela Escola Superior de Desenho Industrial (Esdi), no Rio de Janeiro (Dias, 2004), cuja divisão entre Desenho Industrial e Comunicação Visual abriria margem para a inclusão do ensino da tipografia como parte do currículo dessa segunda modalidade. Para Fukushiro (2014), entretanto, o ensino da prática tipográfica em território nacional não acompanhou as mudanças tecnológicas. O desenvolvimento de letras e de famílias tipográficas brasileiras só começou a ter expressividade na década de 1980, um bom tempo depois das primeiras fundições, editoras e escritórios de sinalização se fixarem no país.

Nossa "linha do tempo" nos deixa confortáveis para encarar a prática tipográfica como uma atividade definida, essencialmente, pelo aparato tecnológico disponível em cada época – e, portanto, sujeita a novas definições com o passar dos anos. Além do aspecto tecnológico, a tipografia também está sujeita a considerações de caráter estético, com relação aos estilos e valores que comunica por meio da forma como nos permite manipular sua matéria-prima: o alfabeto latino em sua composição atual. A definição empregada por Niemeyer (2006) engloba esse "universo" de problemas da tipografia: trata-se da **área que compreende o desenho e a produção de letras, bem como sua adequada distribuição e espacejamento sobre as superfícies**. O objetivo da tipografia é, segundo a mesma autora, transmitir informação e facilitar a compreensão dessas letras.

Para este livro, podemos entender a tipografia, resumidamente, como **a disciplina do design gráfico encarregada do projeto visual do texto**. Por mais sintetizada que seja essa definição, ela carrega pressupostos que, inevitavelmente, nos levam a questionar: Quais são os dispositivos e as convenções dessa disciplina? É o que veremos nos próximos capítulos.

SÍNTESE

A definição da tipografia depende muito da disponibilidade tecnológica existente em cada contexto histórico. Inicialmente, a profissão surgiu como uma diferenciação do método caligráfico de composição textual, que se dava principalmente pela organização de tipos móveis, geralmente metálicos, para a impressão de textos e livros. Essa técnica sofreu uma grande mudança após a Revolução Industrial, com os métodos de automatização, e enfrentou uma nova reviravolta na segunda metade do século XX, quando a tecnologia digital permitiu que o texto passasse a ser composto em *softwares* de editoração gráfica, o que tornou a prática tipográfica muito mais acessível.

QUESTÕES PARA REVISÃO

1. Quais exemplos de convenções tipográficas podemos apontar como "herança" dos manuscritos medievais?

2. O livro renascentista apresentava o texto de forma semelhante à observada nos manuscritos medievais. Entretanto, a tipografia passou a incorporar alguns elementos específicos das crenças de cada época. Que exemplo de mudança é perceptível na prática tipográfica com o advento do viés racionalista do Iluminismo?

3. A invenção da prensa tipográfica de Gutenberg foi o início de uma revolução na maneira de produzir cópias de livros. Além dos novos equipamentos e dos tipos móveis usados na composição das páginas, que outra mudança significativa essa tecnologia proporcionou?

    a. Gutenberg foi responsável também pelo estabelecimento dos primeiros bancos que operavam empréstimos.
    b. A prensa tipográfica significou também uma modularização no trabalho da composição dos livros, organizando os trabalhadores de acordo com tarefas pontuais no processo.
    c. O equipamento desenvolvido por Gutenberg foi usado também, posteriormente, para fabricar queijos e envasar vinhos.

d. A invenção de Gutenberg foi inovadora justamente por possibilitar que uma única pessoa se encarregasse de todas as etapas da produção do livro.

e. A prensa tipográfica não representou uma inovação, pois não foi adotada por mais ninguém além do próprio Gutenberg.

4. A atividade tipográfica teve um início tardio em território brasileiro. A oficina de Isidoro da Fonseca, que operou ilegalmente e foi fechada em 1747, representou o primeiro registro de impressão com tipos no Brasil. Porém, qual foi o evento que marcou, oficialmente, o início da atividade tipográfica nacional?

   a. Declaração da Independência do Brasil, em 1822.
   b. Proclamação da República, em 1900.
   c. Desembarque dos primeiros jesuítas na colônia, em 1549.
   d. Vinda da Família Real para o Brasil, em 1808.
   e. Guerra do Contestado, a partir de 1912.

5. Várias tentativas foram feitas para automatizar o processo de composição tipográfica. Assinale a alternativa que indica dois avanços tecnológicos nessa área:

   a. Linotipia e fotocomposição.
   b. Monotipia e estereografia.
   c. Linotipia e litografia.
   d. Fotocomposição e litografia.
   e. Estereografia e litografia.

QUESTÕES PARA REFLEXÃO

1. A prática da tipografia é, de fato, determinada pela tecnologia ou, ao contrário, é a tecnologia que precisa acompanhar as demandas do projeto tipográfico?

2. No fim deste capítulo, chegamos a uma definição abrangente para a tipografia: a disciplina que trata do projeto visual do texto. Você concorda com essa afirmação? Seria possível definir a área de outras formas?

Kostas Kalomiris/Shutterstock

Capítulo 3

A LINGUAGEM DA TIPOGRAFIA

CONTEÚDOS DO CAPÍTULO
- Termos básicos e convenções atualmente empregadas na tipografia.
- Unidades de medida e ferramentas de apoio para o projeto do texto.
- Elementos anatômicos das letras e do corpo de texto.

APÓS O ESTUDO DESTE CAPÍTULO, VOCÊ SERÁ CAPAZ DE:
- aplicar conhecimentos tipográficos em projetos de design;
- identificar e analisar composições tipográficas com base nas categorias da disciplina.

3.1 Considerações iniciais

Conforme nossa leitura sobre a tipografia avança, vamos nos deparando com novos termos e expressões próprios da área. Assim como qualquer outra disciplina, a tipografia pressupõe graus de especialização e conhecimentos técnicos que se organizam em uma espécie de linguagem: são nomenclaturas, termos e definições comuns entre os profissionais envolvidos com a atividade, designados para detalhes específicos da tipografia.

Essa linguagem, como era de se esperar, não perfaz um conjunto fixo de regras com as quais todos concordam. Trata-se de uma série de determinações e convenções que, em disputa com outros termos e práticas, acabam conquistando lugares privilegiados e se definindo como o padrão aceitável pela maioria.

Isso significa que, em primeiro lugar, nem todos os autores estão de acordo com as definições e os termos usados. É muito comum lermos livros e artigos sobre tipografia que expõem novas propostas ou críticas a algum recurso ou convenção normalizada. Autores seguem propondo e revisando parâmetros tipográficos porque, como já vimos, a disciplina é sujeita a profundas transformações cada vez que novas tecnologias gráficas são exploradas.

Em segundo lugar, a tipografia não surgiu como uma disciplina centralizada ou um corpo unificado de conhecimentos. A história da prática, no mundo ocidental, normaliza suas raízes como localizáveis na Europa renascentista, mas isso não significa que o que fora definido por lá seguiu uma linha reta de evolução em todas as partes do globo terrestre. Em diferentes localizações, propostas contrastantes do ofício tipográfico estiveram em pauta, em razão de interesses econômicos, da disponibilidade de materiais e de equipamentos ou da existência de mercados emergentes ou de públicos mais ou menos disponíveis para o consumo do material escrito e impresso.

No entanto, o que define a persistência de uma disciplina, em qualquer área, é sua capacidade de flexibilização e adaptação a diferentes contextos. Se nem todos os autores concordam em relação a essa linguagem nada unificada, resta-nos, de certa forma, "eleger" algumas fontes confiáveis e traçar, ainda que humildemente, uma proposta de linguagem aceitável. Não podemos esquecer que estamos tratando de um ofício que dá forma à língua falada. Neste ponto, convém lembrar as palavras de Bringhurst (2005, p. 15): "Como é possível que alguém escreva um livro de regras com alguma honestidade? Que razão e que autoridade possuem estes mandamentos, sugestões e instruções? Os tipógrafos, afinal, certamente deveriam ter a liberdade de seguir ou de sinalizar as trilhas que desejassem".

Das primeiras manifestações nos escritórios de impressão renascentistas aos currículos dos cursos superiores, é possível, primeiramente, definir que o escopo da tipografia começa no desenho individual de cada letra; passa pela organização dessas letras em conjunto, formando palavras, frases, *letterings* e parágrafos; até chegar à ocupação total do espaço dedicado ao texto, qualquer que seja o caso – em uma composição homogênea pelo *layout* de uma página de livro, no estrito retângulo de algum letreiro de fachada, no espaço destinado às informações de algum material gráfico, como cartazes, panfletos ou cartões, ou na totalidade de *bytes* englobados na virtualmente infinita rolagem vertical de uma página *web*.

As definições e os conhecimentos tipográficos perpassam esses materiais. Isso significa que não importa qual deles esteja relacionado ao seu objetivo ou área de atuação na condição de designer gráfico: tipograficamente, todos estão sujeitos aos mesmos problemas. Na esteira desse entendimento, Buggy (2018) inicia o capítulo de seu livro dedicado ao compêndio de terminologias tipográficas apresentando-o como seu "monstro no armário", que aumenta a cada vez que ele abre as portas do móvel. A divertida caracterização esconde um drama vivido por todos os designers: a tipografia é uma disciplina viva, que se altera e abraça novos elementos à medida que mais designers se dedicam a explorá-la (talvez eu esteja adicionando alguns tentáculos ao seu "monstro", Buggy. Foi mal!).

Mas, com o perdão do pleonasmo, nada melhor do que começar pelo começo.

3.2 Definições básicas

Já fizemos algumas tentativas para definir o que é tipografia. Se quisermos continuar a discussão, poderemos evocar outros(as) autores(as) e contextos ou até mesmo desafiar a lógica do que foi apresentado até então (quem sabe, até o fim do livro, conseguiremos isso). Entretanto, no presente momento, faz-se necessário distinguir a tipografia de outros termos próximos que podem acabar sendo confusos. Vamos evitar usar o termo *tipologia*, pois ele se refere ao estudo de taxonomias e classificações em qualquer área acadêmica, não necessariamente vinculadas às definições aqui contempladas.

A primeira convenção tipográfica se refere à definição de **caractere**. Caracteres são cada uma das letras, números e sinais (inclusive espaços em branco) que compõem um sistema de escrita (Farias,

2004). Conforme vimos no primeiro capítulo, o alfabeto latino emprega caracteres relacionados aos sons que eles representam na fala, ou seja, fonogramas. Eles não têm uma relação intrínseca com a palavra representada, como no caso dos pictogramas (Figura 3.1).

Figura 3.1 – **Diferentes caracteres textuais e não textuais**

p A j ç ?   □ ✌ *et* ← ✏
y M u 5   ⌂ 💣 ◆ ▤

Os caracteres textuais da fonte Roboto, projetada por Christian Robertson em 2011 (à esquerda), aparecem representados por outros símbolos na fonte Wingdings, projetada por Kris Holmes e Charles Bigelow para a Microsoft, em 1990 (à direita). Tais caracteres não textuais são comumente chamados de *dingbats*.

No ofício da tipografia, é muito comum o aparecimento da palavra **glifo**. Empregado como um sinônimo de *caractere*, o glifo, porém, corresponde à representação de qualquer imagem que faça parte de uma face tipográfica, isto é, qualquer símbolo ou forma que esteja sendo usado como fonte. O termo é mais abrangente que *caractere*, pois algumas fontes são formadas por glifos não textuais, como é o caso de *dingbats*, ornamentos e outras formas gráficas.

Já uma **face tipográfica** é um conjunto de caracteres reunidos por um mesmo estilo ou identidade (em inglês, o termo usado é *typeface*). Em contextos profissionais ou acadêmicos, esse conjunto é, muitas vezes, simplesmente chamado de *tipo* ou até mesmo de *tipografia*. Um **tipo** pode ser referente ao inglês *type*, palavra usada para cada peça em um conjunto de letras fundidas, gravadas ou recortadas para uma composição. Também pode se referir ao design específico de um conjunto de caracteres (Fontoura; Fukushima, 2012).

Uma face tipográfica pode ser mais ou menos completa, dependendo de seu escopo. Geralmente, para a língua portuguesa, ela inclui versões em **caixa-alta** (maiúsculas ou versais) e **caixa-baixa** (minúsculas) dos caracteres, além de uma terceira variação chamada **versalete** (*small caps*), que traz os caracteres em sua versão maiúscula ajustados para a altura das minúsculas. A face tipográfica também é composta de numerais, sinais gráficos, abreviaturas, símbolos matemáticos e uma variação de cada caractere para incluir acentos gráficos ou sinais de nasalização. Buggy (2018) recomenda contabilizar 20 grupos de caracteres, considerando-se detalhes como frações, símbolos monetários e diferentes contextualizações para os algarismos. Faces tipográficas mais completas ainda incluem adaptações de estilo para caracteres de outros alfabetos, permitindo a aplicação de palavras em grego, russo, japonês etc. – muito úteis para quem está lidando com a tipografia de um dicionário ou de alguma publicação poliglota. Segundo Fontoura e Fukushima (2012), uma face tipográfica padrão agrega entre 212 e 218 caracteres (exemplo na Figura 3.2).

Figura 3.2 – **Conjunto de faces tipográficas que compõem a família da fonte Roboto**

Roboto Thin	Roboto Light	Roboto Regular
Ab Bb Cc Dd Ee Ff Gg Hh Ii Jj Kk Ll Mm Nn Oo Pp Qq Rr Ss Tt Uu Vv Ww Xx Yy Zz 1234567890	Ab Bb Cc Dd Ee Ff Gg Hh Ii Jj Kk Ll Mm Nn Oo Pp Qq Rr Ss Tt Uu Vv Ww Xx Yy Zz 1234567890	Ab Bb Cc Dd Ee Ff Gg Hh Ii Jj Kk Ll Mm Nn Oo Pp Qq Rr Ss Tt Uu Vv Ww Xx Yy Zz 1234567890
Roboto Thin Italic	*Roboto Light Italic*	*Roboto Italic*
Ab Bb Cc Dd Ee Ff Gg Hh Ii Jj Kk Ll Mm Nn Oo Pp Qq Rr Ss Tt Uu Vv Ww Xx Yy Zz 1234567890	*Ab Bb Cc Dd Ee Ff Gg Hh Ii Jj Kk Ll Mm Nn Oo Pp Qq Rr Ss Tt Uu Vv Ww Xx Yy Zz 1234567890*	*Ab Bb Cc Dd Ee Ff Gg Hh Ii Jj Kk Ll Mm Nn Oo Pp Qq Rr Ss Tt Uu Vv Ww Xx Yy Zz 1234567890*
Roboto Medium	**Roboto Bold**	**Roboto Black**
Ab Bb Cc Dd Ee Ff Gg Hh Ii Jj Kk Ll Mm Nn Oo Pp Qq Rr Ss Tt Uu Vv Ww Xx Yy Zz 1234567890	**Ab Bb Cc Dd Ee Ff Gg Hh Ii Jj Kk Ll Mm Nn Oo Pp Qq Rr Ss Tt Uu Vv Ww Xx Yy Zz 1234567890**	**Ab Bb Cc Dd Ee Ff Gg Hh Ii Jj Kk Ll Mm Nn Oo Pp Qq Rr Ss Tt Uu Vv Ww Xx Yy Zz 1234567890**
Roboto Medium Italic	***Roboto Bold Italic***	***Roboto Black Italic***
Ab Bb Cc Dd Ee Ff Gg Hh Ii Jj Kk Ll Mm Nn Oo Pp Qq Rr Ss Tt Uu Vv Ww Xx Yy Zz 1234567890	***Ab Bb Cc Dd Ee Ff Gg Hh Ii Jj Kk Ll Mm Nn Oo Pp Qq Rr Ss Tt Uu Vv Ww Xx Yy Zz 1234567890***	***Ab Bb Cc Dd Ee Ff Gg Hh Ii Jj Kk Ll Mm Nn Oo Pp Qq Rr Ss Tt Uu Vv Ww Xx Yy Zz 1234567890***

Considerando o quanto a face tipográfica cresce em complexidade, ela começa a agregar variações para o seu estilo, como versões em negrito, itálico condensado ou outras possibilidades de peso. A face tipográfica se torna uma **família tipográfica**: um conjunto de caracteres em diversas versões. A partir da segunda metade do século XX, diversas faces tipográficas em estilos modernos foram desenvolvidas levando-se em conta variações de estilo, pois as novas tecnologias tipográficas (fotocomposição, *letraset*, composição digital) permitiam explorar mais combinações. Buggy (2018) detalha as variações de estilo dentro de uma família tipográfica por meio de suas combinações de **peso** e **largura/posição**. Convencionou-se um código numérico para sinalizar essas alterações. Então, se uma fonte aparece com o número 55 após o seu nome, isso significa que ela está no meio-termo entre peso e largura (estilo romano ou regular dentro de sua família). O melhor exemplo para compreender esse sistema consiste em observar as variações da família da fonte Univers, projetadas por Adrian Frutiger e lançadas em 1957 (Figura 3.3).

Figura 3.3 – **Variações da família da fonte Univers**

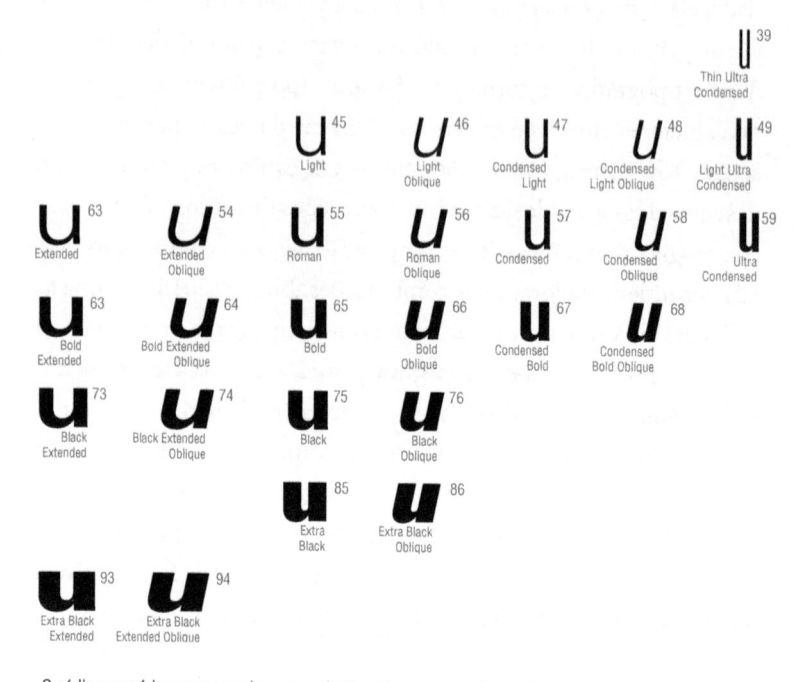

O código numérico corresponde a uma relação entre o peso e a largura/posição da fonte dentro da família.

Fonte: Elaborado pelo autor com base no original de Adrian Frutiger (1957).

  Famílias tipográficas variadas têm grande valor para designers, pois isso abre a possibilidade de explorar mais formas de hierarquia tipográfica sem precisar lançar mão de combinações de fontes diferentes. *Fonte tipográfica*, aliás, é uma expressão que disputa muitas definições na área do design gráfico. A própria palavra *fonte* vem diretamente do inglês *font*, cuja origem é considerada como uma simplificação do termo *tipo fundido* (*founded type*). Podemos chegar ao seguinte consenso: uma fonte é uma família ou face tipográfica implementada para sua aplicação. Atualmente, uma fonte digital contém todos os caracteres disponíveis para serem aplicados em qualquer tamanho (já embutindo cálculos de espaçamento e entrelinha); há até pouco tempo, cada variação de tamanho demandava uma fonte diferente (Farias, 2004). Variações ou instâncias da família tipográfica demandam arquivos de fontes próprias. Logo, também podemos afirmar que uma família tipográfica pode ser um conjunto de fontes com as variações implementadas de todos os caracteres de um mesmo estilo.

Quando uma pessoa fala que um projeto precisa de uma "nova tipografia", geralmente ela está se referindo a um estilo de face tipográfica que, por algum motivo, não está agradando. Em qualquer linguagem, as palavras ganham sentido muito mais pelo uso do que por definições formais. Assim, continuemos usando não necessariamente o que é o certo, e sim o que nos é útil.

3.3 Métrica do texto

A composição tipográfica, em seus meandros e regras, faz uso de algumas convenções para, sobretudo, padronizar o desenho das faces tipográficas e criar uma forma ampla de compreensão de seus aspectos de design. Essa padronização foi resultado de várias tentativas de criar um conjunto de regras. Fontoura e Fukushima (2012) explicam que tais regras variavam de acordo com o local ou até mesmo com os fabricantes de cada fonte e, até o fim do século XVIII, não havia um consenso sobre o padrão a ser adotado para o tamanho das letras impressas.

Conforme abordamos no capítulo anterior, o sistema atual é derivado da lógica empregada por Didot para padronizar os tipos em sua editora. O Renascimento, por meio da propagação da lógica humanista, criou tendências para considerar o corpo humano como um ponto de partida para convenções e medidas. O "pé do rei", que ainda hoje é adotado no sistema de medidas imperial dos EUA (*foot*), era um padrão equivalente a 30,48 centímetros, do qual todas as demais medidas eram derivadas. Didot dividiu essa medida inicial em 12 partes de uma polegada cada uma e, depois, cada polegada em 72 partes iguais, a que chamou de *pontos* (Meggs; Purvis, 2009).

Então, cada tipo foi projetado tendo em vista seu tamanho em pontos. O **corpo** de um caractere, hoje, corresponde ao tamanho máximo de sua altura nominal. A produção de fontes não é padronizada, ou seja, fontes diferentes em tamanho 12 pontos, por exemplo, podem aparentar estar em corpos diferentes. Além do tamanho dos caracteres, as linhas também são medidas em pontos. Por isso, uma fonte sempre terá uma relação entre essas duas medidas: uma para o seu corpo e outra para a quantidade de linhas que ocupa ou, simplesmente, sua **entrelinha** (Figura 3.4).

Usamos a palavra *entrelinha* para nos referirmos ao espaço deixado entre uma linha e outra. Em inglês, o termo comumente empregado é *leading*, uma herança direta da tipografia metálica: uma linha de chumbo (*lead*) era inserida entre cada linha de tipos quando se desejava conferir mais espaço à composição.

Figura 3.4 – **Diferentes configurações de um parágrafo com variação de corpo e entrelinha, usando a fonte Grenze, criada por Renata Polastri em 2018**

Corpo 12pt, entrelinha 15pt (entrelinha de 125%)	Corpo 12pt, entrelinha 10pt (entrelinha negativa)	Corpo 12pt, entrelinha 24pt (entrelinha em dobro)
Este é um parágrafo de exemplo. Ele não traz nenhuma informação relevante em seu conteúdo, apenas em sua forma.	Este é um parágrafo de exemplo. Ele não traz nenhuma informação relevante em seu conteúdo, apenas em sua forma.	Este é um parágrafo de exemplo. Ele não traz nenhuma informação relevante em seu conteúdo, apenas em sua forma.

Entretanto, isso não é tudo: a altura da linha também pode variar. Uma linha geralmente é medida em paicas, um sistema proposto nos Estados Unidos como um complemento à lógica métrica de Didot. Uma **paica** (*pica*) equivale a 12 pontos, mais ou menos 4,21 milímetros. Antes dessa padronização, diversos nomes passaram pelo vocabulário dos tipógrafos: *nonpareil, cícero, petit-romain* etc. Até a migração total para o processo digital de composição, o tipômetro, uma régua que convertia medidas de milímetros para pontos, era o principal instrumento para projetar e testar os tamanhos de fontes (Figura 3.5).

Figura 3.5 – **Ferramentas de design gráfico**

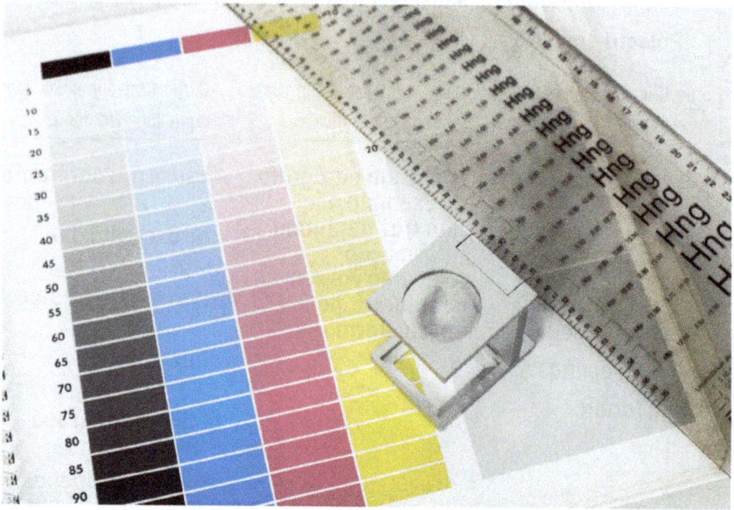

Entre as ferramentas ilustradas, há uma régua tipométrica ou, simplesmente, tipômetro, com referências para diferentes tamanhos de fonte.

O corpo de um tipo não faz referência apenas a sua altura, mas também ao espaço horizontal que ele ocupa em cada linha. Essa medida é intrínseca a cada fonte e varia muito de uma para outra: algumas são mais condensadas, enquanto outras são extremamente largas. A unidade de medida da largura de um tipo é o **quadratim**, ou "tamanho eme" (do inglês *M size*), pois comumente, em uma face tipográfica, a letra "M" maiúscula é a mais larga e acaba servindo como parâmetro para os demais caracteres. Essa medida é arbitrária. Bringhurst (2005) informa que, em um tipo com corpo de 6 pontos, um eme mede 6 pontos; em um tipo de 12 pontos, um eme mede 12 pontos, e assim por diante.

Dividindo-se o quadratim em partes iguais, é possível obter uma malha construtiva para os demais caracteres. A lógica para essa divisão consiste em facilitar o trabalho do tipógrafo, pois as unidades resultantes servem como base para definir os espaços em branco que cada glifo emprega em sua composição, à esquerda ou à direita. Essa largura total, somando-se o caractere aos seus espaços em branco, chama-se *set-width*. Geralmente, um quadratim era dividido em 18, 36 ou 72 unidades (*units*) nos processos de composição manual, mas Fontoura e Fukushima (2012) apontam que sistemas digitais fazem divisões muito mais precisas, chegando às 1.000 unidades.

Figura 3.6 – **Quadratim definido a partir da letra "M" da fonte Rockwell**

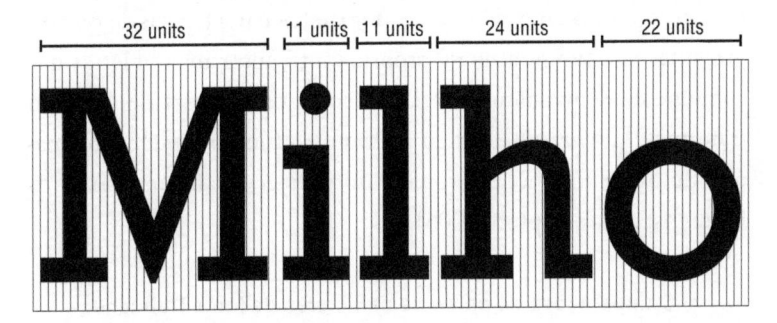

O quadratim estabelecido a partir da letra "M" da fonte Rockwell foi subdividido em 32 *units*. A partir dessa divisão, é possível definir quantas unidades de largura os outros caracteres dessa face tipográfica têm e quantas unidades de espaço devem ser deixadas entre eles.

Havendo uma base para a largura dos tipos, é possível promover ajustes na composição, de forma a aproveitar melhor o espaço da linha, gerar ritmo para a leitura e compor textos visualmente agradáveis aos leitores. Tais ajustes de **espaçamento** (*tracking* ou "espacejamento", segundo alguns autores) são calculados a partir dos espaços em branco deixados entre as palavras (chamados de **entrepalavras**) ou entre as letras (chamados de **entreletras**).

Para assegurar a simetria e evitar que palavras pareçam espaçadas quando na realidade elas não estão, os tipógrafos fazem compensações e ajustes nas divisões do quadratim de cada caractere, aumentando ou diminuindo o vão individual entre cada letra. Esse ajuste fino é chamado de *kerning*. O termo *kern* tem origem nos tipos metálicos: diz respeito às partes de caracteres que avançam além do limite do bloco do tipo para permitir uma maior aproximação com o caractere do bloco seguinte (Farias, 2004). A maioria dos *softwares* que permitem manipulação tipográfica trabalham com duas modalidades de *kerning*: óptico ou métrico. O *kerning* **métrico** usa tabelas de *kerning* presentes na configuração da própria fonte, aproximando letras que comumente demandam ajustes, por conta da natureza de suas contraformas. Já o *kerning* **óptico** realiza uma função semelhante, mas usando as configurações próprias do *software* gráfico, e não as da fonte instalada (Lupton, 2006).

Figura 3.7 – **Comparações de pares de caracteres da fonte Trebuchet, projetada por Vincent Connare em 1996**

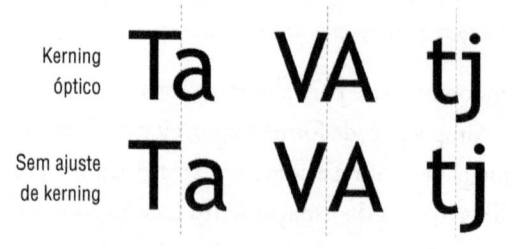

Kerning óptico	Ta VA tj
Sem ajuste de kerning	Ta VA tj

O *kerning* faz com que os caracteres invadam as unidades de espaço das letras adjacentes, criando compensações visuais.

3.4 Linhas de apoio

Embora não apareçam no resultado impresso, as várias linhas que servem como guia para a construção de letras, palavras e frases são o que Bringhurst (2005) chama de *contingente de composição*: elas delimitam e padronizam o tamanho de cada caractere em um corpo. São quatro linhas que compõem esse contingente: a **linha de base** (*baseline*) marca o espaço sobre o qual todas as letras repousam. Logo acima dela fica a **linha média** ou mediana, que delimita uma altura padrão para as letras minúsculas. O espaço entre a linha de base e a linha média é denominado **altura de x** (*x-height*) ou olho médio, o que leva muitos autores a chamar a linha média também de *linha do x* ou *olho médio*. Abaixo da linha de base está a **linha de fundo** ou, simplesmente, linha das descendentes, pois é onde tocam as extremidades das letras que se projetam para baixo da linha de base. Da mesma forma, a linha que se encontra acima da linha média chama-se **linha de topo** ou linha das ascendentes. A altura total dos tipos, isto é, a medida que parte da linha das descendentes e vai até a linha das ascendentes, é denominada **altura nominal** e constitui a medida usada para identificar o corpo dos caracteres.

Figura 3.8 – **Caracteres da fonte Linux Libertine, com suas linhas de apoio e marcações de alturas**

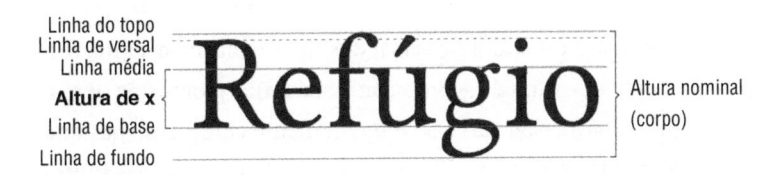

Linha do topo
Linha de versal
Linha média
Altura de x
Linha de base
Linha de fundo

Refúgio

Altura nominal (corpo)

A construção tipográfica faz uso de diversas formas de compensação óptica (*overhang*). Por essa razão, tais linhas não são necessariamente utilizadas como um limite para os traços; elas apenas indicam uma padronização geral entre os caracteres de um mesmo estilo. A **linha de versal**, por exemplo, pode ser uma linha adicional usada para marcar a extremidade da altura das letras maiúsculas (*cap height*), que pode ser igual, mais alta ou mais baixa que a linha de topo. Ainda, é possível traçar uma **linha de compensações visuais** para identificar os caracteres que extrapolam os limites propostos pelas linhas anteriores. Letras maiúsculas e minúsculas demandam linhas de compensações específicas (Figura 3.9).

Figura 3.9 – **Caracteres da fonte Tahoma, criada em 1994 por Matthew Carter, com suas linhas de compensação a partir das curvas dos caracteres minúsculos e maiúsculos**

A altura de x e a altura de versal dos tipos obedecem a uma razão proporcional que varia de acordo com cada estilo. Conforme demonstra Buggy (2018), essa variação é ligeiramente complexa, mas tende a se situar entre menos de 40% e mais de 20% em algumas fontes.

Figura 3.10 – **Razão da altura nominal e da altura de x das fontes Tahoma e Grenze (acima), Linux Libertine e Anton (abaixo)**

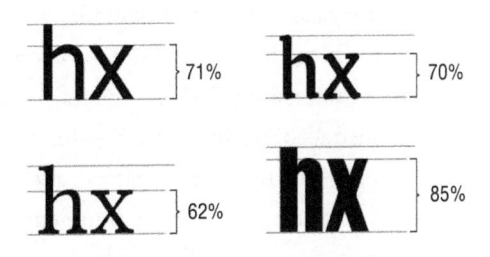

hx ⎬ 71%   hx ⎬ 70%

hx ⎬ 62%   hx ⎬ 85%

Diferentes estilos costumam ter razões distintas entre as linhas de apoio que compõem seus caracteres.

Para empregar métricas tipográficas, é importante ter em mente que as letras sempre se comportarão conforme o conjunto da obra, isto é, as demais letras, palavras e elementos em um *layout*. A esse respeito, Lupton (2006) faz menção a uma **escala** que deve levar em conta tanto a relação entre os elementos de um *layout* quanto seu comportamento com base nas medidas de seu meio de circulação. Portanto, é sempre válido considerar que o tamanho de uma fonte precisa estar de acordo com o seu suporte: um corpo de tamanho 12 fica muito bem em uma página de livro impresso, mas talvez não faça sentido em uma tela de celular. *Displays* digitais usam medidas relativas ao tamanho de cada tela, utilizando-se unidades proporcionais e responsivas, ou seja, que se comportam de maneira adaptativa conforme a renderização de cada aparelho. Por sorte, em tais contextos, é possível aplicar uma fonte e, em tempo real, já testar sua visualização.

3.5 Anatomia do tipo

Examinadas as métricas gerais da tipografia, vamos mapear a linguagem usada para identificar cada elemento compositivo dos caracteres. Fontoura e Fukushima (2012) comentam que cada letra é, por si mesma, uma ilustração. Assim, as letras reforçam e enfatizam conteúdos com base em seus traços e acabam se adequando mais a um ou outro tipo de comunicação. Em conjunto com outras letras, elas precisam estar em harmonia, configurando uma malha informativa que carrega o sentido do texto.

Na hora de analisar caracteres, é necessário lembrar que as letras são o que Drucker (2012) chama de *artefatos culturais*. Seus designs obedecem aos parâmetros pelos quais elas podem ser representadas, por mais tautológico que isso pareça. Buggy (2018) denomina esses parâmetros de *arquétipos*. Os elementos nomeados aqui não são condições essenciais para a existência de cada letra ou princípios universais das formas dos caracteres. São apenas convenções tipográficas seguidas pelos praticantes da profissão.

De modo geral, podemos seguir a conceituação proposta por Drucker (2012): uma letra é um conjunto de parâmetros delimitados em um sistema de elementos definidos, constituindo um protocolo pelo qual uma forma é evocada.

Simplificando, podemos afirmar que, para desenhar uma letra, há uma série de formas básicas que devem ser seguidas. Primeiramente, cada forma que compõe um caractere implica uma **contraforma**, isto é, uma porção em branco que ajuda a definir a **face**, ou seja, a parte visível de cada tipo (Farias, 2004). As contraformas que são encontradas dentro do desenho de alguns caracteres são chamadas de **olho,** como no caso do espaço vazio da letra "o", mas também podem receber o nome de **miolo** em letras que não são completamente fechadas, como "u" ou "m", que têm dois miolos. Muitos autores preferem simplesmente chamar essas áreas de **branco** ou vazio. Letras como "C", "G", "c", "e" ou "E" formam **aberturas** com seus traços, as quais podem ser maiores ou menores dependendo de cada fonte. Para os traços que compõem a parte visível da face, existem vários nomes específicos.

Figura 3.11 – **Diagrama de formas das letras a partir de uma palavra formada com a fonte Adobe Caslon**

O principal traço de uma letra chama-se **haste**. Geralmente, trata-se de um traço vertical que define a forma geral do caractere, embora em algumas letras, como o "N" maiúsculo, esse traço seja inclinado. Traços horizontais são chamados de **barras**. É possível que as hastes dos caracteres se estendam para cima da linha do x ou para baixo da linha de base: respectivamente, elas passam a compor os traços **ascendentes** e os traços **descendentes** das letras. Caracteres como "b" ou "p" têm traços ligados às hastes que chamamos de **bojos**

ou barrigas. Dependendo do estilo, tais letras apresentam pequenas **incisões** na junção desses traços. Uma haste pode estar ligada a outro traço, como nas letras "n" e "h", por meio de **ligações** ou juntas, formando **ombros**. Várias letras, principalmente maiúsculas como o "K" ou o "X", têm traços que partem de sua haste, mas são chamados de **braços** ou **pernas** porque avançam pela altura de x na direção diagonal. Traços inclinados nas letras também costumam receber o nome de **montantes** ou **travas**.

Existem traços próprios para o "acabamento" de cada letra, chamados **terminais**. Muitas vezes, como nas letras "r" ou "a", a ligatura que parte da haste termina em uma **gota**, lóbulo ou lágrima. Se for um acabamento mais abrupto, como na letra "g", esse traço será simplesmente chamado de **orelha**. Conforme o estilo da fonte, os caracteres podem apresentar terminais cortados, arredondados ou em forma de bicos ou cunhas. Letras como "t" ou "a" têm pequenas terminações mais pontiagudas em suas linhas de base, que podem receber nomes como unha, gancho ou **espora** (que eu particularmente considero mais bonito). Traços curvos como os das letras "c", "e" e "f" também são chamados de **ganchos** ou terminais circulares. Há, ainda, algumas fontes que usam cantos arredondados, e outras que terminam seus caracteres com leves incisões. Nesses casos, seus terminais podem ser classificados como **côncavos** ou **redondos**. Letras como "Q" ou "g" apresentam descendentes que, por serem mais curtos, podem ser chamados de **caudas** ou rabos.

Figura 3.12 – **Diagrama de formas das letras a partir de uma palavra formada com a fonte Linux Libertine**

Esfinge
Espinha, Ligatura, Ombro, Orelha, Abertura, Junta, Gancho, Cauda

O ponto de encontro entre duas hastes pode ser chamado de **vértice**. O vértice da letra "A", por ser também o ponto mais alto da letra, recebe o nome de **ápice** ou cabeça do tipo. O espaço negativo formado pelo vértice é denominado **virilha**. Com relação às letras que apresentam hastes curvas, como o "S", alguns autores chamam esses traços de **espinhas**. Em vários casos, os caracteres podem ter traços substituídos por formas que os ligam a outros caracteres, criando um tipo único. Esses traços específicos são denominados **ligaturas**.

Em fontes de estilos específicos, muitos caracteres incluem traços especiais conectados ao fim das hastes, gerando um ângulo com as linhas de base ou ascendentes: tais traços são denominados **serifas**. Como mostram as Figuras 3.13 e 3.14, a seguir, a forma das serifas presentes nos caracteres varia de acordo com cada estilo tipográfico. Fontes diferentes podem ter serifas com corpos maiores ou menores, em traços mais finos ou mais grossos em relação às hastes dos tipos. Elas podem apresentar ou não, na modelação de seus traços, alguma curvatura que suavize sua ligação à haste, configurando-se serifas apoiadas ou não apoiadas.

As serifas que seguem a linha de base do caractere são chamadas de **reflexivas**. Elas podem ser **bilaterais** ou **unilaterais**, dependendo de como partem das hastes. A serifa que atua como um terminal, geralmente no ápice de caracteres como "n" ou "l", é chamada de **adnata**. Letras cursivas ou de estilos caligráficos apresentam serifas **transitivas**, em formatos que deixam o tipo conectado aos demais em uma palavra.

Figura 3.13 – **Modalidades de serifa**

Serifa adnata

Serifa reflexiva bilateral

Serifa transitiva

Figura 3.14 – **Estilos de serifa conforme a classificação proposta por Aldo Novarese (citado por Buggy, 2018)**

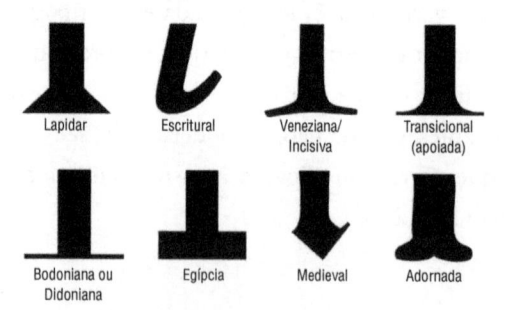

Lapidar

Escritural

Veneziana/ Incisiva

Transicional (apoiada)

Bodoniana ou Didoniana

Egípcia

Medieval

Adornada

É possível encontrar um grande número de variações entre esses nomes, a depender dos autores da tipografia com os quais um praticante se depara em seus estudos. Independentemente de quais forem os termos usados, eles devem ser encarados como formas de facilitar o estudo das letras. A princípio, podem parecer confusos, mas seu uso é útil para normatizar as práticas do desenho tipográfico, além de representar uma maneira segura de estudar as classificações dos tipos ao longo da história.

3.6 Nomenclatura do texto

Se a letra é a primeira instância da tipografia, as palavras, as frases e os textos também recebem nomes que compõem a linguagem da disciplina. A parte reservada às letras e palavras, em qualquer composição gráfica, é chamada de **mancha tipográfica** ou **mancha de texto**.

A analogia que Bringhurst (2005) faz para analisar o aspecto do texto consiste em relacionar sua composição ao trabalho de um tecelão: o conjunto de letras e palavras compõe malhas visuais tão homogêneas que a própria palavra *textus* tem o significado de "tecido" em latim.

A mancha tipográfica pode ocupar páginas inteiras, como em livros, mas também pode precisar dialogar com imagens, diagramas, gráficos ou elementos decorativos, como em revistas ou infográficos. Em anúncios, pôsteres e outras peças comerciais, histórias em quadrinhos e catálogos, a mancha de texto é dispersa, ocupando lugares variados nas páginas. Em muitas peças gráficas ou em composições feitas para circular na internet, a mancha tipográfica se limita a um título no topo da composição ou a um rodapé.

Em muitos casos, um dos principais recursos usados para calcular o espaço ocupado pela mancha tipográfica é o *grid*, palavra em inglês que pode aparecer traduzida como "grelha", "grade" ou "malha de construção". Existem diversas maneiras de construir *grids*, mas, de modo geral, seu uso se constitui em uma forma de visualizar a sistematização das páginas, permitindo equilibrar o *layout* e posicionar elementos gráficos estrategicamente.

Figura 3.15 – **Representação da mancha tipográfica em uma página aberta (*spread*)**

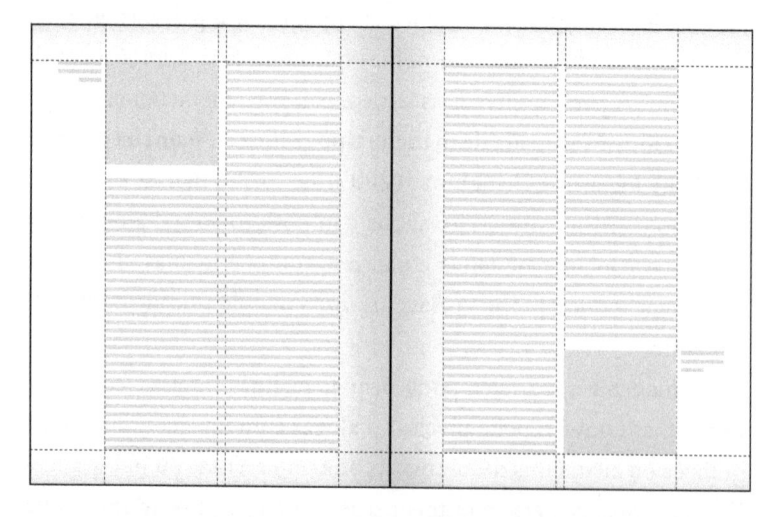

Observe que as linhas-guia do *grid* orientam a disposição tipográfica.

Textos são comumente agrupados em **parágrafos**. A diagramação de um parágrafo não obedece a regras fixas. Entretanto, geralmente se opta por um entre quatro tipos de **alinhamento** para o texto: alinhado à esquerda, à direita, centralizado ou justificado. O texto alinhado à esquerda é o que gera um ritmo de leitura mais intuitivo para parágrafos pequenos ou telas, visto que a língua portuguesa é lida da esquerda para a direita e de cima para baixo. Em livros, jornais e revistas, os parágrafos justificados são mais frequentes, uma vez que geram melhor aproveitamento de papel e também porque, da mesma forma, nosso idioma permite que palavras sejam hifenizadas, facilitando as quebras de linha.

Figura 3.16 – **Diferentes estilos de alinhamento de um parágrafo usando a fonte Grenze**

Alinhamento à esquerda	Alinhamento à direita	Alinhamento centralizado
Este é um parágrafo de exemplo. Ele não traz nenhuma informação relevante em seu conteúdo, apenas em sua forma.	Este é um parágrafo de exemplo. Ele não traz nenhuma informação relevante em seu conteúdo, apenas em sua forma.	Este é um parágrafo de exemplo. Ele não traz nenhuma informação relevante em seu conteúdo, apenas em sua forma.
Alinhamento justificado (sem hifenização)	Alinhamento justificado (hifenizado, última linha à esquerda)	
Este é um parágrafo de exemplo. Ele não traz nenhuma informação relevante em seu conteúdo, apenas em sua forma.	Este é um parágrafo de exemplo. Ele não traz nenhuma informação relevante em seu conteúdo, apenas em sua forma.	

Perceba a formação de "rios" visuais no exemplo com alinhamento justificado sem hifenização: grandes espaçamentos na entrepalavra prejudicam a leiturabilidade.

Parágrafos justificados são, na visão de Bringhurst (2005), uma eterna negociação entre a homogeneidade do espaçamento e a frequência de quebras e hífens. Para fazer com que as linhas tenham a mesma largura, ajustes nas entreletras e nas entrepalavras são necessários, devendo-se sempre ter em mente que a mancha tipográfica precisa permanecer homogênea e agradável aos olhos. Há diferentes formas de estilizar ou marcar um parágrafo: ele pode aparecer recuado ou **indentado**, isto é, deslocado do *grid* de composição tanto inteiramente como só na primeira linha, para indicar uma interrupção com o parágrafo anterior. Entrelinhas maiores ou linhas em branco também servem para isolar um parágrafo do outro. Tais recursos tipográficos são aplicados a fim de deixar a leitura agradável, com respiros e intervalos. Outras convenções, como **letras capitulares** (Figura 3.17), traços, separadores e recuos negativos (*outdents*), também são formas encontradas para sinalizar pontos iniciais para textos.

Parágrafos centralizados e alinhados à direita são comuns para títulos, chamadas, citações ou outros elementos textuais exteriores aos parágrafos. A área do design gráfico que aplica os conhecimentos e as técnicas da tipografia para a organização do texto chama-se **diagramação**.

Figura 3.17 – **Parágrafo iniciado com letra capitular**

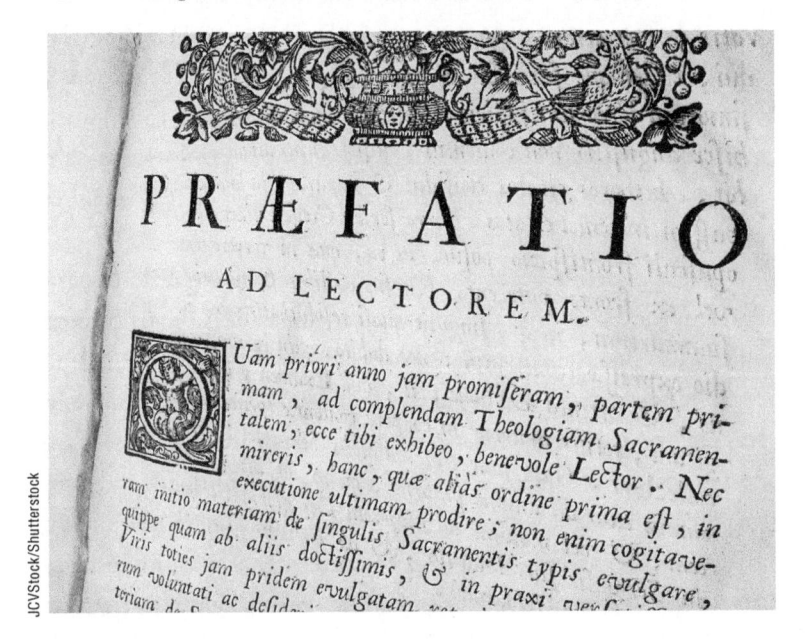

Um parágrafo precisa ser definido em relação a sua largura, ou seja, ao espaço que a **coluna de texto** ocupa na página. Como um corpo de fonte maior ou menor acaba influenciando no tamanho do parágrafo, geralmente os tipógrafos o medem pela quantidade de letras ou palavras que ele comporta em cada linha (evidentemente, trata-se de uma média). Bringhurst (2005) defende que se observe uma razão entre a largura da coluna, em paicas, e a quantidade de caracteres otimizada, conforme o tamanho de sua caixa-baixa. Em síntese, um parágrafo bem diagramado respeita uma média de 10 a 14 palavras por linha.

Para melhorar o fluxo da leitura, em muitos materiais se opta por quebrar o texto em duas ou mais colunas por página. Para telas e *displays* de *smartphones* e *tablets*, a quebra do texto em colunas é contraintuitiva: significa que o leitor precisará rolar de volta para o topo da página para continuar lendo de onde parou. Nesses casos, é melhor optar por colunas centralizadas, com corpos de texto maiores e que façam sentido em materiais contínuos.

Textos podem receber inúmeras formas de intervenção tipográfica, a depender do tipo de comunicação almejada. O mais comum é fazer uso de ao menos três variações tipográficas em um mesmo texto: **letras romanas ou regulares, letras itálicas ou oblíquas e letras em negrito (*bold*)** – recurso usado para indicar as palavras-chave deste capítulo. Também é possível recorrer a sublinhados, realces (*highlights*), mudanças de cor, peso (isto é, quantidade de tinta ou pigmentação nas letras), alternação entre maiúsculas, minúsculas, versaletes e diferentes fontes (sejam da mesma família, sejam de famílias diferentes), além de diversas outras formas para imprimir personalidade e criar recursos cognitivos para a leitura de um texto. A aplicação dessas **variáveis tipográficas** deve seguir uma ordem que preserve a voz do texto (isto é, seu conteúdo) e que também crie vínculo com o leitor, ajudando-o a obter informações ou tornando sua experiência de leitura, de modo geral, mais prazerosa.

SÍNTESE

A linguagem da tipografia engloba a nomenclatura referente a todos os elementos, ferramentas e aspectos empregados para dar forma e organizar o alfabeto latino em suas materializações. Por isso, essa linguagem parte dos elementos compositivos de cada caractere, passa pelas métricas utilizadas para a disposição horizontal e vertical do texto e chega às regras de organização dos parágrafos ou de outras formas de agrupar as letras.

QUESTÕES PARA REVISÃO

1. Qual é a diferença entre caractere e glifo?

2. A expressão *fonte tipográfica* é usada de várias formas. O que, de fato, caracteriza uma fonte?

3. A métrica tipográfica é comumente medida em pontos ou paicas. Assinale a única alternativa que **não** contém apenas variáveis da métrica usada em textos:

   a. Corpo, entrelinha e entreletra.
   b. Entrepalavra, eixo de inclinação e entrelinha.
   c. *Kerning*, corpo e espaçamento.
   d. Entrelinha, entreletra e entrepalavra.
   e. Eixo de inclinação, entrelinha e bicameralidade.

4. Na construção dos tipos de uma família tipográfica, é possível dizer que são usadas cinco linhas de apoio para os caracteres. Assinale a alternativa que indica corretamente quais são elas:

   a. Altura de x, altura de y, linha de fundo, linha de topo e linha de versal.
   b. Altura de x, altura nominal, linha limítrofe, linha média e linha de fundo.
   c. Linha de base, linha de fundo, linha média, linha de topo e linha de versal.
   d. Linha de razão, altura de x, linha de continuidade, corpo e linha de versal.
   e. Linha guia, linha horizontal, linha vertical, linha média e linha extra.

5. Na figura a seguir, a palavra *reflexo* está representada com caracteres da fonte Helvetica. Alguns elementos desses caracteres foram destacados com uma cor mais escura, cada qual sinalizado com uma letra. Assinale a alternativa que, segundo a nomenclatura apresentada no livro, indica corretamente os nomes dos elementos destacados:

Figura A – **Palavra *reflexo* na fonte Helvetica**

a. Descendente (A), barra (B), contraforma (C) e espora (D).
b. Perna (A), barra (B), olho (C) e braço (D).
c. Perna (A), barra (B), abertura (C) e vértice (D).
d. Descendente (A), terminal (B), olho (C) e espora (D).
e. Descendente (A), travessão (B), negativo (C) e braço (D).

QUESTÕES PARA REFLEXÃO

1. Embora a tipografia tenha muitas expressões para se referir às formas das letras, algumas fontes têm características muito próprias. Você já encontrou algum estilo de letra que não se encaixa em nenhuma definição?

2. Muitas vezes, traços em letras são ambíguos e parecem desempenhar mais de uma função, sugerindo que nomes diferentes podem se referir a eles. Qual é a melhor estratégia de análise tipográfica considerando-se situações dessa natureza?

Create Hot Look/Shutterstock

Capítulo 4

O DISCURSO DA TIPOGRAFIA

CONTEÚDOS DO CAPÍTULO
- Movimentos decisivos para a formação de uma disciplina tipográfica.
- Consolidação dos principais conceitos da tipografia moderna.

APÓS O ESTUDO DESTE CAPÍTULO, VOCÊ SERÁ CAPAZ DE:
- compreender a história da tipografia contemporânea;
- obter as principais referências dos estilos tipográficos modernos;
- aplicar as variáveis tipográficas em projetos de design.

4.1 Considerações iniciais

Depois de ler o capítulo anterior, é preciso, em um gesto de autocrítica, questionar: Como todas essas denominações surgiram? Quem foi o responsável por definir que o principal traço de uma letra se chama *haste*? Embora não saibamos as respostas para essas especificidades, temos de reconhecer sua institucionalização. A tipografia ocupa um lugar privilegiado entre as diversas disciplinas que compõem o corpo de conhecimento do design não por ter simplesmente definido uma linguagem própria, mas por ter estabelecido regras e fundamentos para reforçar e perpetuar essa linguagem. Em resumo, a tipografia atesta, no design gráfico, uma grande importância e utilidade por meio de seu discurso.

Não é estranho, aliás, que muitos autores defendam o papel central dessa disciplina nas composições visuais, chegando a afirmar ser ela praticamente a responsável pela separação entre o design gráfico e outras áreas, como as artes plásticas ou a publicidade. É um discurso que quase confunde design gráfico com tipografia, como se estes fossem inseparáveis. Mas seriam, de fato? Nesse sentido, é importante entender como a tipografia conquistou esse espaço.

Entretanto, as regras e os fundamentos da tipografia não são escritos em pedra. São resultado de tradições de pensamento alinhadas aos valores de cada época. Como vimos, tal como qualquer disciplina, a tipografia é palco de disputas e debates em torno dos estilos que propõe definir como prioritários ou definitivos. É possível, porém, delimitar um ponto de partida para buscar compreender sua consolidação como disciplina, ou seja, podemos traçar um panorama de seu discurso.

4.2 As raízes da tipografia moderna

A ideia de que o texto impresso deveria obedecer às formas derivadas da caligrafia medieval, isto é, dos gestos realizados pelo corpo humano para sua representação gráfica, começou a ser mais fortemente contestada entre o fim do século XVIII e o início do século XX – época de transição para o modelo econômico industrial no Ocidente. Na história da tipografia, dois personagens são frequentemente mencionados como responsáveis por isso (e, aqui, tomo a liberdade de acrescentar um terceiro nome que também considero digno de nota).

Após a Revolução Francesa, o novo governo do país concedeu a Pierre Didot o comando da Imprensa do Louvre. Seu irmão era o tipógrafo Firmin Didot, e ambos eram filhos de François Didot, que havia trabalhado como impressor e vendedor de livros em Paris. Nos livros de Didot, a tipografia usada seguia um sistema de mensuração por pontos, no qual uma polegada era dividida em 72 partes iguais. Esse sistema teria sido adotado na Alemanha e, mais tarde, na América do Norte, sendo adaptado para os sistemas atuais de medida tipográfica (Meggs; Purvis, 2009). Foi um marco nos empreendimentos que permitiu determinar um padrão para a métrica tipográfica, tema que abordamos no capítulo anterior.

Contudo, o sistema de medidas não foi a única contribuição da família Didot à tipografia. Nos livros que passaram a circular na França napoleônica, usavam-se letras desenhadas a partir de uma rejeição dos estilos exuberantes do rococó, que remetiam à era monárquica. Ou seja, abandonando-se os ornamentos e floreios das margens das páginas, valorizava-se mais o espaço em branco e optava-se por faces tipográficas contrastantes, nas quais traços mais grossos se convertiam em junções finas e serifas retas. As ligações e suaves transições dos tipos, que caracterizavam a modularização das letras renascentistas, foram substituídas por contrastes abruptos entre traços grossos e finos (Figura 4.1).

Figura 4.1 – **Diferenças entre modulações e ângulos em letras de diferentes estilos**

Ro Ro Ro Ro Ro

Da esquerda para a direita, Centaur, Garamond, Bodoni, Futura e Helvetica.

As mesmas preferências por essa estética do contraste apareciam nos livros produzidos na Itália por Giambattista Bodoni. O impressor, que mantinha seu escritório tipográfico em Parma, popularizou-se pelas suas interpretações dos caracteres romanos, que passaram a ter maior contraste na modulação de traços, assim como serifas retas e sutis e caracteres mais condensados. A lógica de criação tipográfica de Bodoni se distanciava do traço caligráfico: ele resumia cada caractere a módulos universais e repetia esses módulos, gerando as letras a partir das mesmas formas.

Figura 4.2 – **Página de livro publicado em 1822 pela editora de Didot**

LETTRE
A M. DACIER,

SECRÉTAIRE PERPÉTUEL DE L'ACADÉMIE ROYALE
DES INSCRIPTIONS ET BELLES-LETTRES,

RELATIVE A L'ALPHABET

DES HIÉROGLYPHES PHONÉTIQUES

EMPLOYÉS PAR LES ÉGYPTIENS POUR INSCRIRE SUR LEURS MONUMENTS LES TITRES, LES NOMS ET LES SURNOMS DES SOUVERAINS GRECS ET ROMAINS;

Par M. CHAMPOLLION le jeune.

A PARIS,
CHEZ FIRMIN DIDOT PÈRE ET FILS,
LIBRAIRES, RUE JACOB, N° 24.

M. DCCC. XXII.

As letras impressas com tipos metálicos já apresentavam mais contraste e formatos refinados, sugerindo um rompimento com o estilo da tipografia clássica.

Os tipos de Didot e Bodoni marcaram o início de uma série de revalorizações tipográficas pré-industriais (Figura 4.2). Soma-se a isso a visualização dos materiais publicitários que então circulavam. Em oposição a esse trabalho com a aura "modernista" dos livros, tais materiais eram uma mistura de composições com tipos esculpidos em madeira cujo propósito era chamar a atenção dos transeuntes pelo tamanho, gerando visibilidade para anúncios. Esses tipos *display* apresentavam variações de tamanho e largura entre caracteres, combinações arbitrárias de traços, serifas de diferentes proporções e várias tentativas de adornos e adereços possíveis pelas impressões em tipos de madeira, feitos para usos efêmeros. Os tipos com serifas grossas (chamadas de *egípcias*) e as primeiras faces tipográficas sem serifa são fruto do design experimental dessas peças.

O movimento que hoje chamamos de Art Noveau também foi um marco do século XIX. Tipograficamente, as peças produzidas por meio da litografia e características desse movimento trabalhavam as letras por meio da exploração de suas formas, com a criação de frases onduladas, textos decorados com motivos florais e orgânicos e caracteres irregulares.

Figura 4.3 – **Cartaz produzido em 1893 pelo artista suíço Eugène Grasset**

O cartaz apresenta várias características do movimento Art Nouveau, entre elas a presença de uma tipografia estilizada, com letras em composição sinuosa incorporadas ao desenho, graças ao processo de impressão litográfico.

O terceiro nome ao qual me referi no início desta seção é o de Edward Johnston. O calígrafo nascido no Uruguai e radicado na Inglaterra fez parte do movimento Arts and Crafts, uma iniciativa do artista William Morris para incorporar a estética clássica aos materiais produzidos pelos métodos industriais da virada para o século XX (Figura 4.4). Esse movimento era permeado pelo entendimento do design gráfico como uma atividade social e cultural, seriamente engajada com os modos produtivos, e não apenas como um conjunto de princípios formais. Johnston estudava caligrafia por meio de iluminuras medievais e, influenciado pela filosofia do movimento do qual participava, começou a desenhar letras modernas baseadas nos desenhos dos tipos dos manuscritos que estudava (Harris, 1995).

Figura 4.4 – **Página do livro *O poço no fim do mundo* (Edward Burne-Jones, 1896), produzido pela Kelmscott Press, editora de William Morris**

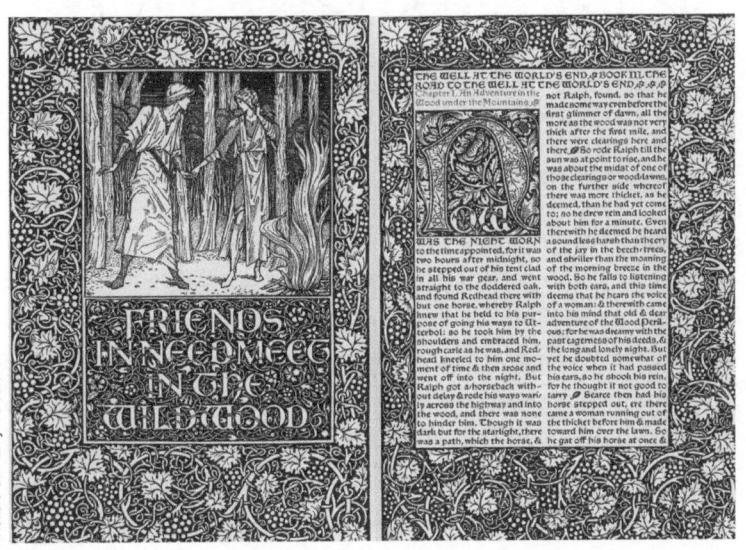

Buscando restabelecer uma estética clássica para a tipografia, Morris abria espaço para amplas margens decoradas e usava fontes que resgatavam a modularização do traço humanista.

Indignado pelo que chamou de "decadência tipográfica" dos livros e cartazes (Lupton; Miller, 2011b), Johnston publicou, em 1906, um longo tratado intitulado *Writing & Illuminating & Lettering*, no qual descrevia seus métodos de escrita caligráfica, recomendava materiais e princípios, além de apresentar algumas dicas de ergonomia para praticantes do desenho das letras. Nesse mesmo livro, Johnston propôs uma série de recomendações que chamou de "formas fundamentais ou essenciais" de cada letra. Trata-se de um método geométrico para reduzir cada caractere a um "esqueleto" básico, do qual as medidas e proporções deveriam ser derivadas.

Figura 4.5 – **Desenho de uma letra "B" com base nos princípios de Johnston**

Derivando-se uma forma básica de cada letra a partir da geometria, alguns ajustes posteriores podem compensar a forma e criar variações sem deixar de manter uma proporção harmônica. Exageros que descaracterizam a forma original devem ser evitados.

Segundo Johnston, quando um caractere se torna distinguível e legível, ele já está pronto para ser aplicado tipograficamente e deve receber ornamentações como serifas, modulações de traço ou "exageros visuais" apenas em casos especiais, tendo-se sempre em mente as referências presentes nas iluminuras medievais e as letras clássicas romanas (Figura 4.5). A chamada **letra fundamental** (ou **fundacional**, dependendo da tradução) foi desenvolvida pelo tipógrafo valorizando a simetria e a ampla abertura dos espaços negativos de cada letra, de modo a "traduzir" uma caligrafia medieval para as preferências estéticas modernas.

Após esse trabalho, Johnston foi contratado para desenvolver a face tipográfica para a sinalização do metrô de Londres, o primeiro sistema de transporte elétrico subterrâneo em um grande centro urbano. A tipografia criada foi composta por letras a partir de suas formas fundamentais, sem serifas nem grandes modulações de traço, evidenciando os valores estéticos dos movimentos modernos e deixando clara a ideia de rompimento com o passado tipográfico.

4.3 Da Bauhaus à Nova Tipografia

Como apontam Drucker e McVarish (2009), o ensino do design gráfico como um conjunto de regras formais continua permeado de termos e conceitos que podem ser traçados para o trabalho dos artistas e projetistas do início do século XX. Com o início dos movimentos que se autodenominavam *modernos*, a prática do projeto visual do texto encontrou campos férteis para a discussão e a experimentação.

Nessa época, o design gráfico incorporou a ideia de estilo visual como uma manifestação da visão de mundo almejada, e não apenas como expressão do gosto pessoal do designer. O foco da composição tipográfica passou a estar alinhado a interesses comunicativos próprios com relação àquilo que a ideia de moderno deveria representar: a padronização sistemática entre os elementos da composição, uma ordem estabelecida com um propósito e a deliberação entre escolhas estilísticas (por exemplo, o dinamismo e a persuasão dos anúncios publicitários *versus* a estabilidade da tipografia demandada pelo jornalismo informativo).

Se a tipografia ganha um papel central no design gráfico, é porque o projeto visual do texto tem uma incumbência político-ideológica: sua formatação estaria alinhada aos valores do projeto de modernização que se desenrolava no início do século. O grande símbolo desse projeto, quando o assunto é design, são as escolas de ensino profissionalizante fundadas na época. Nos anos 1920, a União Soviética implantou instituições como a Vkhutemas (Figura 4.6) e o Instituto de Arte Popular, voltados para a integração entre as artes e a indústria, como estratégia de impulsionamento da produtividade estatal, dando visibilidade para um movimento que ficou conhecido como *construtivismo russo*.

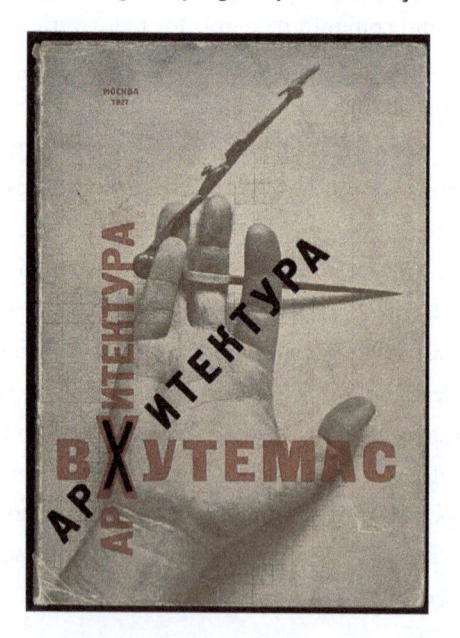

Figura 4.6 – **Cartaz da Vkhutemas, com uma tipografia característica do pensamento de design empregado pela instituição**

Fonte: El Lissitzky, 1927.

Figura 4.7 – **Cartaz da Bauhaus, com uma tipografia característica do pensamento de design empregado pela instituição**

Fonte: Schmidt, 1923.

Na Alemanha de 1919, a Bauhaus (Figura 4.7) foi fundada com um propósito parecido. Oferecendo espaços para vários ateliês, a escola pregava uma reaproximação entre o ofício do artesão, com suas habilidades manuais, e o propósito das artes. Nessa ampla perspectiva, o esforço se voltava para as contribuições possíveis perante a complexidade do fenômeno social moderno: urbanização, planejamento de espaços de convivência e a ciência e os objetos técnicos como novos domínios da experiência da vida do ser humano.

Um convidado para assumir um dos cargos de mestre de artes e professor na Bauhaus em 1923 foi o construtivista húngaro László Moholy-Nagy. Em seu ensaio "Tipofoto" (2019, originalmente publicado no livro *Malerei, Fotografie, Film*, em 1925), o artista busca enquadrar o ofício tipográfico em meio ao fenômeno da rápida internacionalização da informação. Deslumbrado com o alcance do rádio, a agilidade da imprensa e a expressividade do cinema, Moholy-Nagy logo sugeriu que a tipografia, então executada em conjunto com a fotografia, criava arranjos persuasivos e, portanto, combinações tecnológicas deveriam servir como bússola para a composição no design gráfico. Barras, fios, assimetria e quadrados que sugeriam a sistematização do espaço dialogavam com o texto em composições experimentais. A noção de que a tipografia obedecia à disposição de um *grid* construtivo enfim se estabelecia (Samara, 2007).

Um dos estudantes da Bauhaus e aluno de Moholy-Nagy foi Herbert Bayer. Os tipos projetados por ele são um bom exemplo da forma de pensamento lógico-empirista que vigorava na Europa do início do século XX. Havia um debate entre os filósofos acerca da autonomia da linguagem: noções de epistemologia estavam propondo que o conhecimento humano dependeria do quanto somos capazes de articular em palavras aquilo que é observável, como se a compreensão da realidade dependesse de nossas formas de comunicá-la, e não de experienciar seus efeitos objetivamente. Essa "virada linguística" na filosofia, difundida pelos estudos estruturalistas de Saussure e aprofundada por filósofos como Gottlob Frege e Ludwig Wittgenstein, também atingia o que era ensinado e produzido na Bauhaus.

Para Bayer, a linguagem escrita era um reflexo da linguagem falada. Elementos como letras maiúsculas correspondiam a convenções alfabéticas que não tinham respaldo na oralidade e, por isso, seu alfabeto funcional dispensava a caixa-alta. Projetadas por volta de 1925, as letras tinham a intenção de servir como aplicação universal e obedeciam a um sistema geométrico, sem modulação nos traços e repetindo o máximo de formas possíveis entre os caracteres (Figura 4.8). As letras projetadas na Bauhaus demonstravam que a expressão visual da lógica da linguagem era mais importante que sua forma. Elas incorporaram a ideologia de design que, até hoje, norteia muitos projetos da área: a de que a forma das coisas deve seguir sua função.

Figura 4.8 – **Lógica de composição das letras de Herbert Bayer**

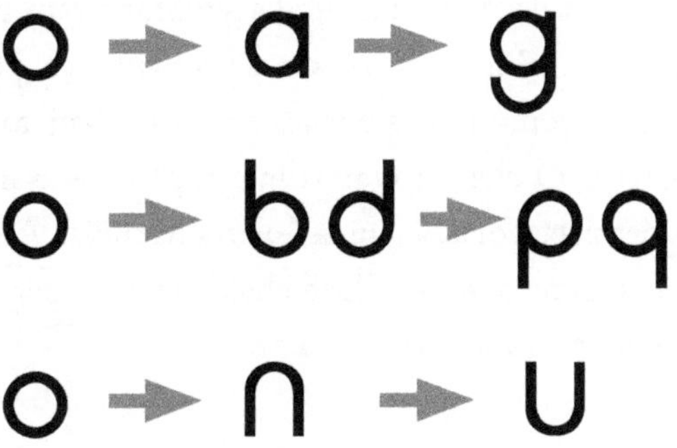

o → a → g

o → bd → pq

o → n → u

Formas geométricas simples servem como módulo para os traços das letras.

O trabalho desenvolvido na Bauhaus influenciou profundamente o tipógrafo alemão Jan Tschichold. Aplicando os conceitos de apelo discursivo universalista das formas mínimas com um dinamismo para seus *layouts*, ele popularizou a Nova Tipografia por meio de seus trabalhos e também pelo manifesto que publicara em 1928. Nele, o designer advogava por alguns pontos que a tipografia moderna deveria ter como prioridade: clareza, funcionalidade, assimetria e deslocamento do eixo central. Tipograficamente, os materiais de Tschichold comunicavam por meio de seu arranjo com as letras e os dispositivos de delimitação espacial: traços, retângulos e formas geométricas. Segundo ele, aliando esses elementos a uma valorização do espaço vazio, a escrita assumiria o controle de um importante parâmetro que até então não recebera tanta atenção dos designers: ritmo.

Os princípios da Nova Tipografia se difundiram pela Europa. Fontes modernas, minimalistas e sem serifa ganharam popularidade e eram lançadas como fontes oficiais em vários projetos de grande impacto público. O que gerou uma interrupção no avanço dos propósitos modernistas foi a Segunda Guerra Mundial. A Bauhaus foi fechada pelo regime nazista, e Tschichold, também perseguido pelo regime, exilou-se na Basileia, na Suíça.

Figura 4.9 – **Panfleto promocional da fonte Futura (medium), projetada por Paul Renner em 1927**

A primeira metade do século XX foi um laboratório para a tipografia minimalista, resultando no aparecimento de muitas fontes sem serifa e com formas altamente geometrizadas.

4.4 O legado do Estilo Internacional

Os ditames do mundo pós-guerra fizeram com que os ideais universalistas do design do início do século XX recebessem uma nova chance. A esse respeito, Drucker e McVarish (2009) apontam para as tendências que vigoravam no mundo ocidental na época: a ascensão das influências corporativistas, em seus propósitos globalizadores, demandava um tipo de design que fosse bem recebido em diferentes contextos. Por isso, a tipografia muniu-se de parâmetros que classificavam o texto como "neutro", isto é, como uma ferramenta desprovida de ideologia própria por sua forma, carregando sentido apenas em seu conteúdo e prezando pela eficiência comunicativa.

Um dos melhores textos que exemplificam essa tendência é a palestra de Beatrice Warde intitulada "A taça de cristal, ou por que a tipografia deve ser invisível". Proclamada em 1930, como parte da programação de lançamento da recém-fundada Guilda dos Tipógrafos Britânicos, o texto teve grande repercussão em virtude de seu conteúdo provocador. Nele, Warde usava a comparação entre duas taças de vinho como analogia: a primeira, feita de ouro adornado com os mais delicados motivos, era comparada com outra, produzida em cristal transparente. A tipografia, segundo a autora, deveria comportar-se como a segunda taça: um receptáculo invisível, que serve apenas como "janela" para que o leitor possa acessar o conteúdo do texto (Warde, 2019).

Pensemos no exemplo de um aeroporto. Com o crescente número de linhas aéreas e viagens internacionais, a criação de espaços familiares em diferentes países demandava símbolos e estratégias gráficas de fácil reconhecimento por pessoas de diferentes nacionalidades.

Tipos claros, simples e que remetessem aos ideais comunicativos modernos se aliavam a pictogramas e códigos de cores para formar sistemas "universais" de informação.

Os tipos e as abordagens de design que surgiam nas escolas europeias da época coalescem em um conjunto de princípios que chamamos de Design Suíço ou Estilo Internacional. Uma dessas escolas era a Escola de Design de Ulm, na Alemanha. Fundada por Max Bill, essa instituição era proponente do Estilo Internacional e tencionava recuperar os parâmetros tipográficos da Bauhaus – foi também uma grande influência para o surgimento dos primeiros cursos de Design no Brasil.

O Estilo Internacional aliava a clareza tipográfica com imagens e contrastava formas para criar orientações visuais dinâmicas. Os elementos eram organizados por meio de *grids*, que dispunham o espaço modularmente e racionalizavam o campo de visão, delimitando áreas próprias para cada tipo de informação e criando fórmulas para compor materiais informacionais.

Além disso, ele incorporava as necessidades da sociedade capitalista da segunda metade do século XX: consistência, clareza e nivelamento das diferenças sociais para os propósitos do consumo (Drucker; McVarish, 2009). Por definição, era aplicável a qualquer contexto. Emil Ruder (1967), um proeminente tipógrafo do movimento, definiu a tipografia como a expressão da ordem e da boa forma. Assim, o texto deveria obedecer às necessidades do leitor e ser disposto de modo a ampliar a legibilidade, um parâmetro fundamental da tipografia moderna.

Fontes populares como a Univers e a Helvetica são produtos dessa época: tipos projetados para proporcionar legibilidade em tamanhos variados, adaptados para o uso em diferentes tecnologias de impressão e com famílias amplas, englobando diversas variações de peso para os caracteres e, portanto, oferecendo aos designers um pacote completo para criar categorias hierárquicas de informação.

Obviamente, nenhum estilo ou tendência tipográfica surge sem provocar, concomitantemente, respostas e dissonâncias. Ao mesmo tempo que o Estilo Internacional se consolidava como padrão nas escolas de Design, a tipografia era alvo de experimentos e diversificação nas demais aplicações em que era encontrada. Na publicidade e no cinema, os tipos eram explorados por meio de formas sinuosas e orgânicas, seguindo princípios modernos de apropriação e adaptação de estilos antigos em novos contextos. Um grande legado do movimento construtivista russo foram as linhas inclinadas e os tipos em grandes pesos, alternando informações em peças como cartazes políticos e cinematográficos. Grande parte das decisões tipográficas do século XX esteve entre prezar pela leitura rítmica e intuitiva e compor peças instigantes e visualmente desafiadoras, com palavras e letras fora da ordem esperada pelo olhar.

4.5 O espaço da tipografia digital

A década de 1960 foi palco para o surgimento das primeiras teorias da informação. Formuladas por engenheiros e técnicos que trabalhavam no desenvolvimento de computadores e de outras máquinas de processamento de dados, a ideia da informação se firmou como um princípio que perpassa tanto as características dos seres vivos (do código genético aos padrões de pensamento do ser humano) quanto as intenções comunicativas do design (Margolin, 1989). Esse modelo normativo trata a comunicação (e, consequentemente, a tipografia) como algo que almeja a objetividade. A ideia do texto como método objetivo de transmissão de informações foi constantemente debatida. Alguns teóricos e designers argumentavam que o processo comunicativo estava muito mais próximo de uma questão **retórica** do que de um estabelecimento fixo de regras para envio e recepção de mensagens. Ou seja, em vez de a tipografia ser útil pelo seu valor transparente por meio do qual repassa informações textuais, ela deveria ser compreendida pela forma persuasiva com a qual materializa esses textos. Assim, o design das letras seria, por si só, capaz de alterar o conteúdo de uma mensagem.

A partir dos anos 1970, mais e mais agências de design, editoras e escritórios de impressão adotaram a composição digital de *layouts* e páginas tipográficas. Vários termos se referem a essa prática: *processamento de palavras* (*word processing*), *tipografia digital, composição computadorizada* etc. O que passou a ser um novo paradigma para a tipografia é que, pela primeira vez, texto e imagem poderiam ser trabalhados pelo mesmo processo, o que anteriormente só seria viável se a forma de impressão adotada fosse a litografia.

De acordo com Drucker e McVarish (2009), a inovação tecnológica dos computadores era a fungibilidade, isto é, a capacidade de reduzir informações a dados binários para, em seguida, reconfigurá-los em novas informações. Não importa se eram textos, gravuras, fotografias, desenhos ou outros tipos de materiais – no computador, tudo se reduzia a dados e informações manipuláveis por *softwares* gráficos. Lupton (2006) identifica esse novo momento como uma passagem de escopo para a tipografia: da composição linear do texto para o controle do espaço tipográfico.

Uma consequência da tipografia digital foi a popularização da tarefa de composição do texto. Atualmente, ferramentas como o Microsoft Word já trazem parâmetros estabelecidos para margens, entrelinhas e espaçamentos em cada fonte, tarefa que anteriormente precisava ser calculada por tipógrafos e compositores textuais. Outras ferramentas mais apropriadas para o design gráfico permitem maior grau de ajustes e personalização das letras, já mostrando na tela os resultados próximos ao produto final, seja ele impresso, seja ele destinado à veiculação digital. Isso cria maiores oportunidades para experimentos, o que também gera novas formas de preocupação tipográfica, isto é, além da legibilidade, fatores de leiturabilidade se tornam pertinentes à tipografia. O discurso da área passa, portanto, a ter um caráter de autoridade: é pelo estudo dessa disciplina que se identificam as melhores práticas e ferramentas para o texto em seus contextos diversos.

Entretanto, como mencionam Lupton e Miller (2011b), as "leis da letra" recorrentemente são alvo de distorções, reestruturações e redefinições por designers e tipógrafos. A forma do alfabeto é um terreno fértil para especulações sobre suas funções, efeitos e simbolismos. A materialidade da tipografia, ou seja, aquilo que, de fato, se vê como resultado do discurso em torno de letras, técnicas de representação e impressão, consiste em um eterno campo de disputas para exprimir posicionamentos ideológicos, movimentos políticos e ideais comunicativos. Por isso, prefiro dizer que a tipografia aparece hoje não como um conjunto de regras ou leis, mas como um jogo de variáveis.

O espaçamento, a entrelinha, as relações entre tamanhos de tipos diferentes – essas são **variáveis tipográficas**, que correspondem a uma série de fatores com os quais lidamos para formar composições, cuja materialidade depende, sobretudo, do conhecimento que temos sobre o público para o qual desejamos comunicar algo.

4.6 Em síntese: parâmetros da tipografia contemporânea

Certamente, agora você está ciente das condições históricas e tecnológicas que fizeram da tipografia o que ela é hoje. Lupton (2006) encara o ofício tipográfico como a construção de uma interface entre o leitor e a informação do texto. Letras, caracteres e símbolos podem ser configurados de formas infindáveis e, por isso, alguns parâmetros podem ser considerados como parte do discurso da tipografia.

É como se agora tentássemos responder à seguinte pergunta: O que levar em consideração para trabalhar com tipografia?

Como resposta, a disciplina vem incorporando algumas questões pertinentes à psicologia e às ciências cognitivas ao seu campo de conhecimentos. Fontoura e Fukushima (2012), por exemplo, chamam atenção para as ilusões de ótica e os efeitos de compensação que muitas letras carregam em suas formas, como uma solução de conforto visual para os padrões que os olhos humanos buscam durante a leitura. Além disso, o olho humano tem reflexos rápidos chamados de *movimentos sacádicos*, que são varreduras pontuais por meio das quais buscamos formas familiares durante uma atividade cognitiva, como a leitura (Smith, 1989). Isso significa que o ato de ler não é completamente passivo, como se o olho fosse uma câmera que apenas recebe informações; ele também é composto por um conjunto de sistemas musculares que procuram por padrões e formas familiares, prevendo a leitura e "preenchendo" espaços vazios.

De diversas formas, a área do design gráfico procura amparar seus princípios de maneira científica, isto é, busca respaldo empírico para as decisões formais tomadas em áreas como a tipografia ou a composição visual. Um modo de considerar as especificidades da visão humana para encontrar soluções visuais foi recorrer à Gestalt, área da psicologia empenhada em entender como o olho distingue, agrupa e categoriza formas.

A Gestalt se estabeleceu como área da psicologia no início do século XX e foi rapidamente vista como uma significativa referência para o design. Enquanto este se preocupa com a criação e a definição das formas, aquela estava empenhada em entender os princípios de percepção da forma como ponto de partida para a compreensão humana do mundo (Bortolás et al., 2013). Os princípios da percepção visual da Gestalt são, em resumo, uma série de postulados sobre o funcionamento da visão e de suas estratégias para a criação de significado (Bradley, 2014).

Tipograficamente, o impacto das teorias da forma gera algumas recomendações básicas. De acordo com o princípio da proximidade da Gestalt, por exemplo, nossos olhos tendem a agrupar elementos que são posicionados em proximidade, como se os entendessem como parte de uma mesma forma. Assim, palavras precisam ser espaçadas porque, dessa maneira, elas facilitam ao olho humano a identificação de seu significado[1].

> Não ipmotra a oderm das lreats das plavaraas que vcoê lê: seu ohlo já cnogsuee rocehnceê-als se a pimriera e a útmila leatrs etivseerm no lguar.

Você consegue ler esta mensagem porque já conhece as palavras escritas. Seu olho é capaz de desembaralhar as letras porque ele antecipa as palavras considerando a totalidade delas, e não cada letra individualmente.

Há algumas coisas curiosas sobre a forma como os olhos leem que precisa ser comentada. Mesmo em frases como a do boxe anterior, na qual algumas letras aparecem embaralhadas, é possível ler cada palavra, deduzindo sua grafia correta. Isso acontece porque nossa bagagem linguística nos permite reconhecer as palavras que estão ali e, do primeiro ao último caracter, conseguimos "desembaralhar" as letras. Isso funciona para palavras populares; já no caso de termos mais técnicos, palavras pouco usadas ou vocábulos muito longos, não se alcança o mesmo efeito. A visão é um ato de "mão dupla": os olhos completam o que o cérebro já sabe (Smith, 1989).

De fato, nossos olhos conseguem captar muito bem a "silhueta" das palavras, o que faz muitos autores sugerirem que a combinação

---

[1] Existem vários autores da teoria do design gráfico que interpretam as leis da Gestalt do ponto de vista visual, como parte das teorias da forma e da composição. Um exemplo é o livro *Gestalt do objeto: sistema de leitura visual da forma*, de João Gomes Filho (2008). Entretanto, é necessário apontar que, segundo Margolin (1989), a Gestalt, assim como outras teorias que se popularizaram pelo viés lógico-positivista dos pensadores modernistas, tende a "mitologizar" sua origem, elencando suas proposições como autoevidentes, e não como historicamente localizadas. Embora ainda seja bastante útil para fundamentar o desenho das letras e o projeto tipográfico, a Gestalt não deve ser confundida com uma forma de universalizar essas atividades para além de questões sociais ou culturais.

"caixa-alta + caixa-baixa" proporciona maior facilidade de leitura do que palavras escritas inteiramente em maiúsculas.

A seguir, apresentamos, em resumo, os principais parâmetros tipográficos a serem levados em consideração para composições textuais. Lembre-se, porém, de que não se trata de leis universais, mas de convenções úteis no caso do alfabeto latino.

- **Legibilidade**: a legibilidade se refere à capacidade de distinguir uma letra da outra. O reconhecimento das letras é um fator cultural, ou seja, ele depende de aspectos como grau de alfabetização e familiaridade com o alfabeto, mas também é preciso considerar elementos contextuais. Letras tendem a se tornar ilegíveis se estiverem em tamanhos muito pequenos ou se apresentarem traços que não as caracterizem completamente.

Figura 4.10 – **Trecho de bilhete com palavras ilegíveis**

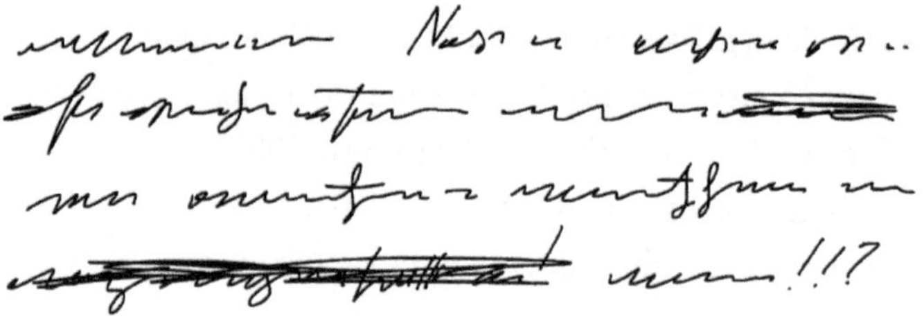

Muitas letras sem traços identificáveis perdem seu aspecto reconhecível e frustram a experiência de leitura.

- **Leiturabilidade:** esse termo (comumente considerado como uma tradução de *readability*) é relativamente recente e não deve ser confundido com *legibilidade*. Frascara (2004) argumenta que a diferença entre ambos reside no fato de que a legibilidade é uma questão perceptiva, isto é, está relacionada à compreensão da informação escrita e à capacidade de reconhecimento das letras, enquanto a leiturabilidade consiste em um fator cognitivo da compreensão da informação, ou seja, vincula-se à atenção e à interpretação do texto.

  A leiturabilidade corresponde ao aspecto geral da composição: como o texto se comporta na coluna, de que modo cada palavra estabelece relação com os elementos em sua proximidade (inclusive com outras palavras) e como a composição oferece conforto visual e facilidade de leitura para o observador. Diz respeito à facilidade de navegação pelo texto. Uma composição que leva em conta esse fator considera as chances de o leitor se perder ou ler informações na ordem errada. Sistemas informacionais complexos que combinam diferentes modalidades de informações visuais, como sinalizações, páginas *web* ou infográficos, precisam de estratégias tipográficas que assegurem não apenas a legibilidade dos textos, mas principalmente o fator persuasivo mais otimizado possível para o fácil acesso a informações-chave e aos elementos de maior impacto comunicativo.

- **Compensação:** para facilitar a legibilidade e a leiturabilidade dos tipos, diversas alterações de traços são cabíveis quando o objetivo é tornar a percepção mais ágil. Já vimos como a compensação atua em nível de caractere, mas também é comum traçar compensações textuais no *layout*. Fontoura e Fukushima (2012) comentam o exemplo da diferença entre centro geométrico e centro óptico: enquanto o primeiro se refere à página do *layout*, o segundo se constitui em uma compensação visual (Figura 4.11), baseada na tendência de o olho humano nivelar elementos de acordo com as leis da Gestalt.

Figura 4.11 – **Compensação visual**

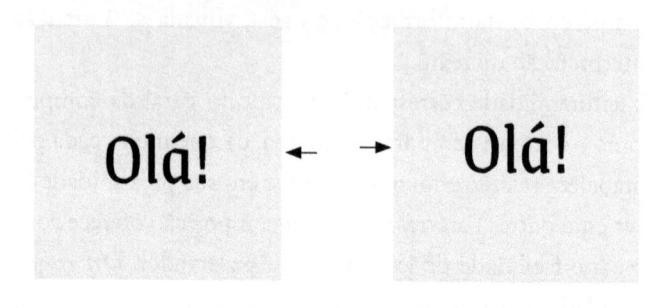

Embora o centro geométrico de um elemento ou material seja calculável matematicamente, o centro óptico se localiza levemente deslocado, pois o olho humano tende a "compensar" as formas a partir da disposição do conteúdo visual. No exemplo, a palavra na placa da direita está posicionada de acordo com uma compensação óptica, o que a faz parecer mais centralizada do que a que está na esquerda (centralizada geometricamente).

- **Hierarquia:** a hierarquia do texto obedece aos princípios da similaridade e da proximidade. Trata-se da configuração tipográfica que visa comunicar a ordem de leitura, a importância de seções e o agrupamento de sentido textual. A hierarquia pode ser obtida de diversas formas em uma composição tipográfica: por meio do peso, do corpo ou da localização do texto, bem como de fatores como cor, transparência e alternância de fontes.

- **Ritmo**: o ritmo está diretamente ligado ao equilíbrio e controle do espaço tipográfico. Qualquer material composto por letras e palavras terá o pressuposto de ser lido por alguém, e essa necessidade envolve uma frequência de obtenção das informações. Uma tipografia bem ritmada ajuda o leitor a perceber palavras e, ao mesmo tempo, reter seu conteúdo: é um jogo entre a apresentação da informação e o intervalo para a formação da memória. Diversas variáveis tipográficas estão relacionadas ao ritmo: *kerning*, alinhamento, parágrafo, espaçamento, entrelinha, entreletra e entrepalavra são maneiras de agrupar os elementos e criar padrões legíveis para obter informação. Quanto maior for a quantidade de texto de um material, maior será o grau de homogeneização necessário para que o leitor entenda o ritmo sugerido para a leitura. Quantidade de hífens, quebras de linha, intercalação com imagens e outros elementos são interrupções de ritmo que podem ser trabalhadas por meio da tipografia.
- **Equilíbrio**: o equilíbrio tipográfico é obtido por meio da relação do todo com as partes, ou seja, avaliando o espaço disponível para a mancha de texto e os demais elementos com os quais ela deve dialogar, o designer gráfico compreende as diferentes maneiras de separar, agrupar e dispor o conteúdo tipográfico. Um texto equilibrado é aquele que encontra um terreno comum para que os elementos compositivos criem uma mensagem concisa, seja ela para informar, divertir, encantar ou provocar o leitor.
- **Ênfase**: esse parâmetro se assemelha à hierarquia, mas se fundamenta mais nos princípios de direcionamento de ponto focal da Gestalt. Segundo esse princípio, é possível destacar um ponto em uma composição por meio da quebra do ritmo, sendo ela

ocasionada por fatores estratégicos: chamar a atenção para uma palavra, letra ou parágrafo de maior importância ou sugerir um elemento como digno de maior nota entre os demais.

- **Contraste:** o contraste consiste na principal ferramenta da composição tipográfica, pois é ele que vai conferir personalidade e identidade ao texto. Contrastar letras significa lançar mão de alguma estratégia de diferenciação tipográfica, seja pelo emprego de variáveis de ajuste, seja pela combinação de fontes de diferentes estilos em uma mesma mensagem. Embora o contraste tipográfico se baseie na relação entre os elementos textuais, também é possível criar contraste com o uso de figura e fundo, texto e imagem, texto e espaço em branco etc.

Cada um desses parâmetros poderia ser tratado em um livro específico, tanto para contemplar aprofundamentos teóricos quanto para abordar os diversos exemplos da história do design gráfico que podem ser elencados para ilustrá-los. De todo modo, o mais importante é considerar cada parâmetro como se fosse uma escala de um a dez em cada projeto tipográfico. Muitas vezes, é necessário sacrificar alguns pontos de legibilidade para criar contraste ou gerar ênfase, da mesma forma que é possível aumentar a hierarquia de um texto com muitas camadas informacionais, mesmo que isso signifique promover uma quebra no ritmo da leitura.

SÍNTESE

A disciplina tipográfica se formou ao longo do tempo. No início do século XX, tipógrafos, artistas e designers buscaram compreender regras formais e elementos universais para a composição de caracteres e malhas textuais. No pós-guerra, esse apelo universalista se viu concorrendo com razões estilísticas focadas na noção discursiva de apelo: a tipografia como forma transparente *versus* sua concepção como elemento transformador da mensagem. Atualmente, o discurso da disciplina tipográfica se desdobra em alguns parâmetros aplicados em projetos textuais: legibilidade, leiturabilidade, compensação, hierarquia, ritmo, equilíbrio, ênfase e contraste.

QUESTÕES PARA REVISÃO

1. Alguns personagens se destacam na história do discurso tipográfico. Dois deles, Giambattista Bodoni e Firmin Didot, são lembrados por motivos parecidos. Qual foi a contribuição em comum que eles deram para a tipografia?

2. O movimento Arts and Crafts surgiu na Inglaterra, no final do século XIX, e apresentava-se como uma resposta à estética empregada pelos movimentos neoclássicos. Na tipografia, destaca-se o nome de Edward Johnston. O que esse tipógrafo defendia em termos de estilo?

3. Nos movimentos da primeira metade do século XX, como as escolas Bauhaus, na Alemanha, e Vkhutemas, na União Soviética, a tipografia passou a receber um tratamento específico em termos

de composição e estilo. Assinale a única alternativa que **não** se relaciona a esse fenômeno:

a. O projeto visual do texto como campo de expressão para visões políticas e ideais modernos para os novos estilos de vida.
b. A internacionalização da economia.
c. Estratégias de impulsionamento produtivo dos Estados e redirecionamento dos propósitos das artes.
d. Ditames do mundo pós-guerra e a sugestão de um estilo internacional para a tipografia.
e. Alinhamento das esferas criativas com o ritmo produtivo da industrialização.

4. Com relação ao Estilo Internacional, indique se as afirmações a seguir são verdadeiras (V) ou falsas (F):

( ) Foi um movimento iniciado na Europa com ambições universalistas.
( ) A tipografia incorporou cada vez mais técnicas de otimização no desenho das letras, e famílias tipográficas passaram a englobar diferentes variações para satisfazer a tamanhos de impressão variados e a *displays* como telas.
( ) A leitura em contextos geográficos variados se tornou um requisito para a tipografia.
( ) O Estilo Internacional foi aceito prontamente e sem questionamentos por tipógrafos do mundo inteiro.
( ) Parâmetros tipográficos como a eficiência comunicativa e a legibilidade ganharam força nesse movimento.

Agora, assinale a alternativa que apresenta a sequência obtida:

a. F, V, V, F, V.
b. F, F, V, V, F.
c. V, V, F, F, F.
d. V, F, V, F, V.
e. V, V, V, F, V.

5. Entre as variáveis tipográficas apresentadas, duas geralmente se confundem: legibilidade e leiturabilidade. Qual é a diferença entre elas?

a. A legibilidade é um processo visual, enquanto a leiturabilidade depende dos outros órgãos do sentido para ser compreendida.
b. A legibilidade é entendida como um processo mental, enquanto a leiturabilidade é um processo físico/biológico.
c. A legibilidade é um processo de percepção visual, no qual diferenciamos cada letra. Já a leiturabilidade é um processo cognitivo, relacionado à compreensão da informação.
d. Não há diferença objetiva entre as duas variáveis. Trata-se de um mesmo fenômeno que recebe dois nomes diferentes.
e. A leiturabilidade é apenas uma forma diferente de traduzir *legibility*, do inglês.

QUESTÕES PARA REFLEXÃO

1. O discurso ocidental da tipografia se consolidou a partir do pensamento desenvolvido em países industriais, nos quais os pesquisadores passaram a estudar as letras como um fenômeno de transmissão informacional. Como esse paradigma impacta o trabalho do tipógrafo nos dias atuais?

2. As viaráveis tipográficas são aplicáveis a projetos de design dos mais variados tipos. Você conseguiria pensar em outras formas de manusear o texto, isto é, em variáveis não previstas neste livro?

LiliGraphie/Shutterstock

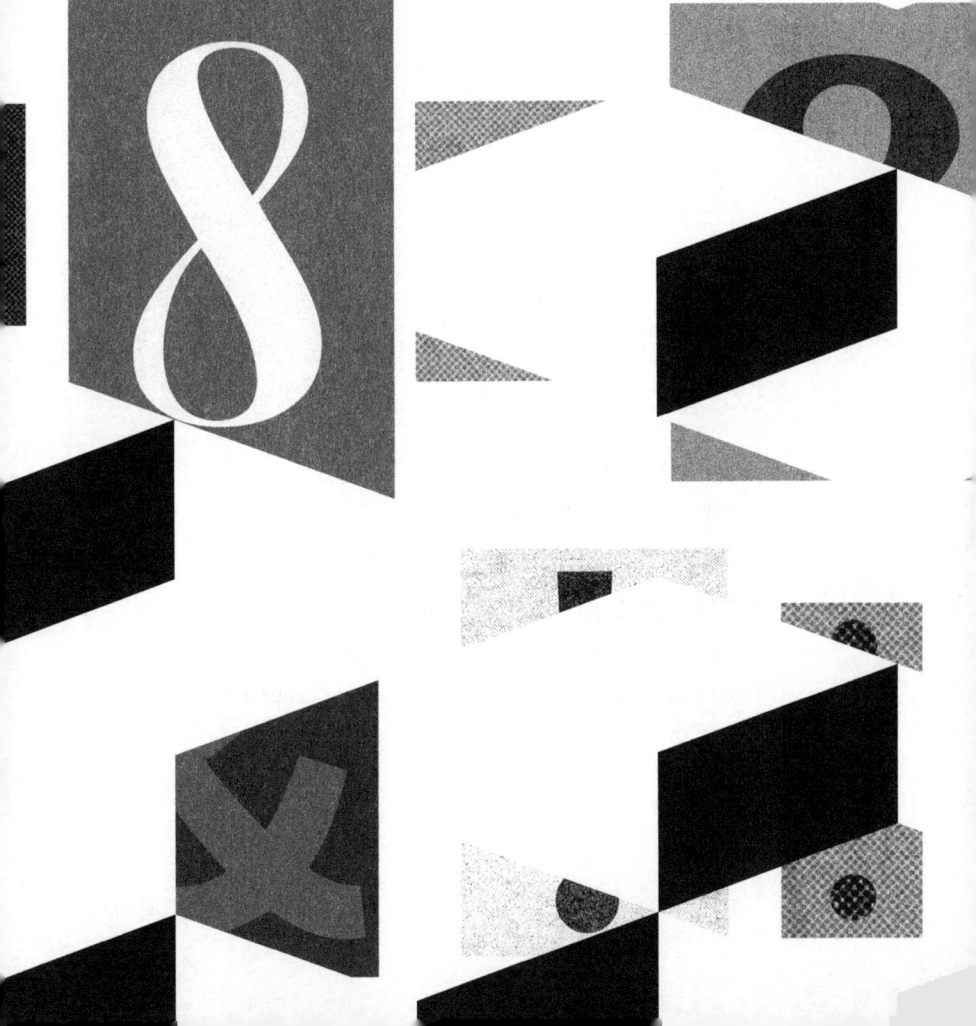

Capítulo 5

AS CLASSIFICAÇÕES DA TIPOGRAFIA

CONTEÚDOS DO CAPÍTULO
- Tentativas de classificações tipográficas.
- Tipos de estilos tipográficos e exemplos.

APÓS O ESTUDO DESTE CAPÍTULO, VOCÊ SERÁ CAPAZ DE:
- analisar e selecionar fontes com base em suas características comuns;
- montar uma biblioteca tipográfica própria para aplicar em seus projetos de design.

5.1 Considerações iniciais

Em 2014, um grande vazamento de informações sobre lavagem de dinheiro e corrupção em nível internacional ficou conhecido como o escândalo dos Panama Papers. Entre os nomes listados nesses dados constava o do então primeiro-ministro do Paquistão. Alguns vazamentos traziam fortes indícios de que o chefe de Estado teria enriquecido ilegalmente, sendo detentor de grandes investimentos e quantias não declaradas fora do país. A suprema corte paquistanesa imediatamente instaurou um inquérito para avaliar a veracidade das informações.

Para provar sua inocência, o primeiro-ministro apresentou uma série de documentos com evidências da aquisição legítima daquele dinheiro. Entretanto, eles estavam assinados com datas de 2006 e continham um detalhe suspeito: a fonte usada em seu texto era Calibri, uma das fontes desenvolvidas pela Microsoft e disponibilizadas como parte do Pacote Office apenas a partir de 2007. Tivessem sido os documentos realmente produzidos no período alegado, eles provavelmente apresentariam a fonte-padrão do *software* naquele ano: Times New Roman (Bright, 2017).

As diferenças entre essas duas fontes são grandes. A Calibri é uma das três fontes "C" lançadas como parte dos novos sistemas operacionais da Microsoft a partir da versão Vista do Windows. Projetada por Lucas de Groot entre 2002 e 2004, seu estilo elegante e sem serifa foi uma tentativa de substituir a Arial, outra fonte lineal do sistema. Juntamente às outras duas, Cambria (romana transicional) e Candara (lineal humanista) são até hoje as fontes-padrão dos *softwares* de processamento de texto do sistema Windows.

Por sua vez, a Times New Roman é uma fonte projetada em 1931 por Stanley Morison como uma proposta de renovação para a família tipográfica do jornal britânico *The Times*. Seu estilo serifado, com modulação humanista (inclinada em um eixo à esquerda) e espaços vazios levemente comprimidos, torna-a uma boa escolha para economizar papel, pois permite mais palavras por página e uma elegância que ajuda a transmitir a credibilidade demandada por um jornal de grande circulação[1]. A Times New Roman ganhou popularidade, passou a figurar em livros e revistas e logo estava integrando o conjunto de fontes-padrão dos computadores pessoais da Microsoft.

O volume de fontes disponíveis atualmente, prontas para instalação e uso em qualquer computador, é tão grande que a tarefa de escolher tipos se tornou um esforço sisífico para os designers gráficos. Quando encontramos uma fonte de que gostamos muito, que é versátil ou que nos agrada, isso não significa que podemos deixar de acompanhar o mercado tipográfico: a cada ano, novas coleções são lançadas, e fontes que exploram características pontuais acabam precisando entrar em nosso catálogo de preferências.

Basicamente, são duas coisas que nos interessam ao classificar tipos: a primeira, obviamente, é facilitar a busca e a categorização de novas fontes. Sabendo-se por qual categoria navegar, fica fácil localizar fontes desejadas para projetos específicos. Além disso, é indicado formar o que podemos chamar de *alfabetismo tipográfico*:

---

1   A discussão em torno do intrincado processo de criação da Times New Roman é explorada no excelente artigo intitulado "The Women Behind Times New Roman: the Contribution of Type Drawing Offices to Twentieth Century Type-Making", de Alice Savoie (2020). Nele, a autora discute o papel das mulheres que trabalhavam no escritório de desenho tipográfico da Monotype, geralmente não creditadas e provavelmente responsáveis pela maioria dos traços e das características de fontes como a Times New Roman. Pelas lentes do feminismo e dos estudos de gênero, é possível discutir questões como a diferença entre os trabalhos técnico e criativo em projetos como o de faces tipográficas.

saber que tipos de traços e formas esperar em cada categoria nos ajuda a reconhecer fontes e a cultivar referências com mais facilidade. O segundo aspecto é, aos poucos, começar a identificar o "sotaque" de cada estilo tipográfico. Fontes diferentes passam mensagens distintas. O texto, quando transmitido por tipografias variadas, assume vozes e tons diversos. Pode acabar sendo mais ríspido, direto, ou pode assumir um caráter mais ermo, sensual.

5.2 As tentativas de classificação tipográfica

Um grande problema apontado por Bringhurst (2005), em termos de classificações e nomenclaturas tipográficas, diz respeito à dificuldade de manter registros oficiais sobre projetos de fontes. Vários designs originais são, na realidade, cópias ou imitações de estilos cuja origem se perdeu. Conforme também explicam Meggs e Purvis (2009), tipos e caracteres são muito facilmente copiados, fato que sempre deixou a tipografia muito próxima da pirataria. Desde as primeiras fundições tipográficas, cópias não autorizadas de tipos eram feitas e distribuídas ilegalmente para impressores e editores, e essas cópias apareciam quase simultaneamente com suas versões originais, apenas com um detalhe ou outro para sinalizar uma diferença mínima. Ou seja, fontes sempre acabam aparecendo já com versões alternativas, muito parecidas, de si mesmas.

Até os dias atuais, o sistema de classificação que se manteve como o mais popular foi o idealizado pelo escritor e historiador francês Maximilien Vox entre 1954 e 1955. A proposta de Maximilien foi adotada pela Associação Internacional de Tipógrafos (ATypI), então sediada na França, dando origem ao **sistema Vox-ATypI de classificação tipográfica**. A lógica desse sistema é separar fontes entre clássicas, modernas e caligráficas, deixando-se uma categoria separada para todos os caracteres não latinos (alfabeto cirílico, ideogramas chineses, caligrafia arábica etc.). Desde então, o Vox-ATypI serviu como inspiração para vários outros sistemas: sofreu adaptações, incrementos e revisões para tentar comportar os novos estilos que surgiram entre os séculos XX e XXI. Fontoura e Fukushima (2012) comentam, entretanto, que, com a grande quantidade de tipos digitais, atualmente nenhum sistema de classificação se mostrou robusto o suficiente para comportar todas as variedades tipográficas existentes.

Um exercício que gosto de fazer é tentar adivinhar a época em que um filme foi lançado com base em suas características. Tanto em forma quanto em conteúdo, filmes comunicam muitos dos valores de sua época, bem como transparecem os desafios e as limitações tecnológicas de sua produção. Por exemplo: se uma produção não usa cores e as falas dos personagens são repassadas por meio de telas de texto intercaladas às cenas, isso significa que ela foi lançada antes do final da década de 1920, quando a tecnologia dos microfones ainda não havia atingido um desenvolvimento suficiente para ser integrada às filmagens.

Vamos tentar aplicar esse método para as fontes. Colocando cinco autores em diálogo (Bringhurst, 2005; Lupton, 2006; Fontoura; Fukushima, 2012; Buggy, 2018), nosso objetivo é categorizar as fontes que usam caracteres latinos pelo seu "sotaque", isto é, interpretar sua localização no discurso da tipografia de acordo com suas características formais e seu estilo geral.

5.3 Letras romanas renascentistas

Baseadas nas letras caligráficas dos escribas italianos dos séculos XIV a XV, as letras romanas renascentistas agrupam uma série de famílias tipográficas caracterizadas principalmente pela presença de um eixo humanista em suas formas. Ou seja, a modulação de seu traço é presente, ainda que de forma leve, e cria um ângulo oblíquo, inclinado à esquerda. As letras romanas têm serifa e grandes espaços em branco nos olhos e miolos dos caracteres.

Várias letras romanas foram reconstruídas nos séculos XIX e XX, assumindo um aspecto geral que foi denominado *clássico* ou *old style*.

Uma variação dentro do grupo das letras romanas são as chamadas *letras garaldinas*, as quais se caracterizam por traços mais finos, igualmente modulados e, por terem suas serifas cavadas ou venezianas, com apoio levemente curvo.

As letras romanas têm variações itálicas que alteram profundamente suas formas básicas. Quando italicizadas, adquirem serifas transicionais e todos os caracteres sofrem uma inclinação consistente de cerca de 10°.

Figura 5.1 – **Palavra composta com a fonte Montaga, projetada por Alejandra Rodriguez em 2012**

Romana

A inclinação do ângulo obtido pela modulação dos traços revela o eixo humanista das letras.

Exemplos de fontes romanas renascentistas

- **Jenson**: um dos tipos romanos mais antigos, a gravação original da fonte Jenson data de 1469, de autoria do tipógrafo veneziano Nicola Jenson. Foi adaptada e redesenhada inúmeras vezes. Um dos exemplos de *revival* de maior fidelidade da Jenson é a fonte Centaur (Figura 5.2), projetada em 1914 por Bruce Rogers.

Figura 5.2 – **Demonstração da fonte Centaur**

HROphaeg123

- **Garamond**: os tipos derivados das letras desenhadas por Claude Garamond, na França do século XVI, são até hoje reconhecidos por suas formas delicadas. É o maior exemplo de tipo garaldino (está, aliás, na origem dessa denominação) e foi objeto de inspiração para a fonte Sabon, projetada por Jan Tschichold em 1964.

Figura 5.3 – **Demonstração da fonte Garamond**

HROphaeg123

- **Caslon**: os tipos desenhados por William Caslon foram registrados em vários estilos e formatos entre 1720 e 1766, na Inglaterra. Por sua versatilidade e elegância, esses tipos romanos viajaram para o continente americano e popularizaram-se, dando origem a várias adaptações. Em 1990, a designer da Adobe Carol Twombly lançou a Adobe Caslon (Figura 5.4), uma das mais fiéis versões dessa família de tipos.

Figura 5.4 – **Demonstração da fonte Adobe Caslon**

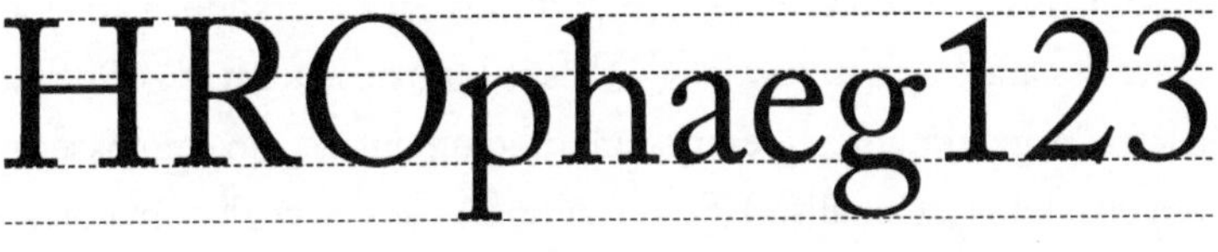

HROphaeg123

- **Bembo**: fonte comissionada em 1929 pela Monotype, na Inglaterra, tem caracteres baseados em gravações romanas impressas pelo famoso editor de livros Aldo Manúcio, que colecionava estilos romanos e é creditado como um dos popularizadores das letras itálicas. A Bembo (Figura 5.5), em sua enviesada história, é um exemplo de tipo romano que sofreu várias influências e adaptações e chega até os dias atuais preservando as características da caligrafia humanista.

Figura 5.5 – **Demonstração da fonte Bembo**

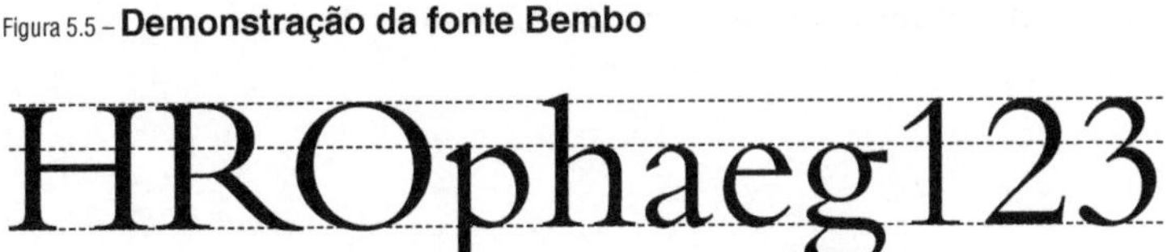

HROphaeg123

5.4 Letras romanas transicionais

A partir dos séculos XVI e XVII, as fontes em circulação ganharam variações de estilo e influências do pensamento racionalista que se expandia pela Europa. O impacto tipográfico imediato não foi o abandono ou a rejeição das letras romanas, mas sua reformulação com base nos novos padrões de consumo.

Dentro da grande família que estamos chamando de *transicionais*, encontram-se as letras barrocas, igualmente serifadas e com traços modulados, mas com eixos não padronizados e grandes variações entre os caracteres: as vogais "a" e "b" são humanistas em seu eixo, mas a letra "o" geralmente apresenta um olho modularizado com base em um eixo reto (racionalista). Seus terminais são suavizados em gotas, e sua linha do x é levemente mais alta, criando menos contraste entre ascendentes e descendentes.

As letras barrocas são uma espécie de transição para as letras reais ou neoclássicas. Tais famílias tipográficas levavam em conta critérios matemáticos para sua construção, sempre centralizados no corpo humano como padrão de medida. Os traços da letra neoclássica são menos orgânicos e mais contidos. No entanto, a transição que caracteriza tais fontes não é apenas matemática, é também maneirista: muitas adotam ornamentos e exageros nos traços que não visam distanciar seu estilo do apelo humanista renascentista, e sim, na realidade, aproximá-lo de uma expressão artística.

Figura 5.6 – **Palavra composta com a fonte Mrs Eaves, projetada pela designer tcheca Zuzana Licko em 1996**

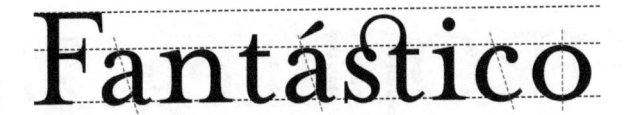

Fantástico

Esta fonte é caracterizada por suaves transições, aberturas amplas e eixos irregulares, com traços cujo acabamento é notável pelos delicados terminais curvos e pelas famosas ligaturas entre pares de letras como "ct" e "st", que até então não tinham precedente histórico. A Mrs Eaves recebeu seu nome em homenagem à empregada doméstica de John Baskerville (que viria a se tornar sua esposa). O design dessa fonte, aliás, é uma tentativa de melhorar as duras transições e contrastes da fonte Baskerville.

Exemplos de fontes romanas transicionais

- **Baskerville**: em 1750, o tipógrafo inglês John Baskerville desenhou uma coleção de tipos levando em conta os princípios do racionalismo tipográfico que se difundiram na França do século XVIII. A fonte com contrastes mais acentuados e eixos menos inclinados acabou se popularizando muito mais nas colônias americanas e no restante da Europa. Sobreviveu como um dos tipos que influenciaram a transição das letras romanas para suas versões mais modernas.

Figura 5.7 – **Demonstração da fonte Libre Baskerville (uma versão aberta do desenho dos caracteres originais, projetada em 2015 por Pablo Impallari e Rodrigo Fuenzalida)**

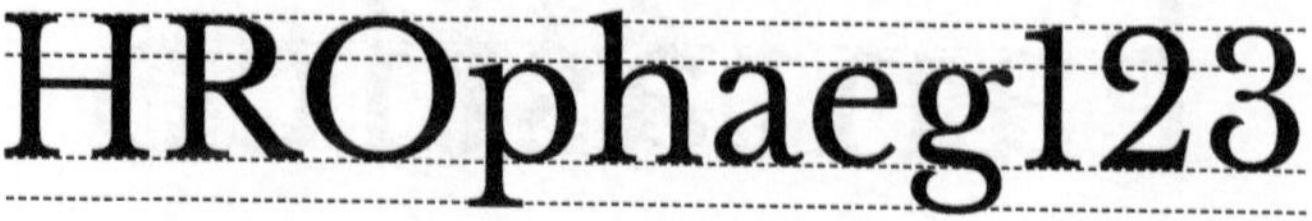

HROphaeg123

- **Fournier**: antes do sistema de medidas sugerido pela família Didot, o francês Pierre-Simon Fournier já empregava um sistema próprio para calcular o tamanho dos tipos. Suas criações tipográficas foram bastante influenciadas pelas fontes reais (*Roman du Roi*), que usavam precisos *grids* matemáticos para definir suas proporções, embora ele fizesse questão de empregar ornamentos e detalhes barrocos em suas letras. A Monotype Fournier, desenvolvida em 1924, é uma recriação dos caracteres elaborados pelo tipógrafo francês.

- **Perpetua**: esta foi uma das várias fontes desenhadas pelo tipógrafo inglês Eric Gill, desta vez comissionada pela Monotype no final da década de 1920. A ideia é que fosse desatrelada de convenções artísticas e de modelos históricos, o que resultou em um tipo romano com caracteres amplos, estrutura delicada e eixos irregulares.

Figura 5.8 – **Demonstração da fonte Perpetua**

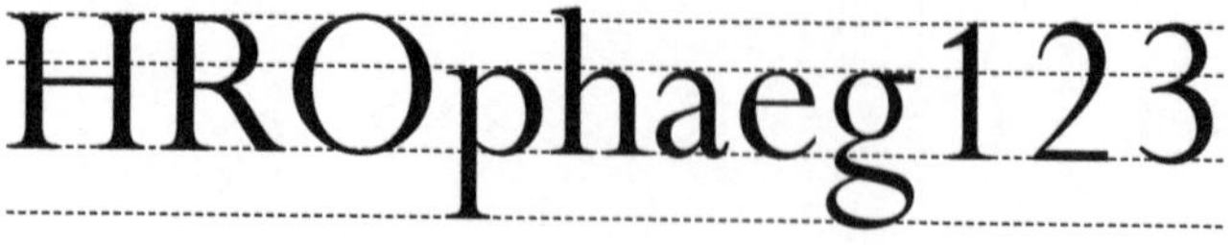

HROphaeg123

5.5 Letras românticas ou didonianas

Quando a tipografia se viu, de fato, separada do desenho manual das letras, muitos estilos começaram a surgir propondo maiores contrastes entre as formas. As letras do fim do século XVIII e início do século XIX classificadas como românticas apresentam grande variação modular e transições abruptas entre traços grossos e finos. Seus eixos são geralmente não humanistas, e as serifas são finas e retas, acentuando ainda mais esse contraste e sugerindo maior abstração da forma da letra.

As letras românticas podem aparecer sob a alcunha de *didonianas*, fazendo referência ao tipógrafo francês Pierre Didot, e também são chamadas de *modernas* por alguns autores – muito mais pelo rompimento que representam com o desenho das letras clássicas romanas do que, de fato, pela presença consciente do design modernista em seus traços.

Figura 5.9 – **Diagrama com a palavra *romântica* construída com a fonte Chic, projetada pela designer brasileira Marina Chaccur em 2012**

Romântica

Os eixos racionalistas desta face tipográfica didoniana acentuam o contraste entre os traços dos caracteres, criando um dinamismo com seus delicados terminais em gota.

Exemplos de fontes românticas

- **Didot:** Firmin Didot herdou a oficina tipográfica do pai e tornou-se famoso pelos tipos experimentais que popularizou por meio dos livros impressos pela gráfica real francesa. Hoje, a denominação *Didot* se refere ao grupo de faces tipográficas conhecidas como *didonianas* ou, simplesmente, *didones*. Seus *revivals* mais populares foram as versões projetadas por Adrian Frutiger para a Monotype e a Linotype. A Linotype Didot (Figura 5.10), lançada em 1991, preserva o alto contraste entre os traços, bem como o eixo racionalista e as serifas retas que eram a marca registrada do tipógrafo francês.

Figura 5.10 – **Demonstração da fonte Didot**

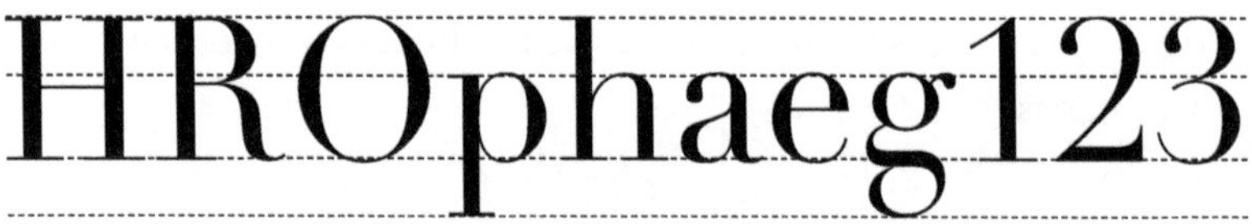

HROphaeg123

- **Bodoni:** as milhares de letras afiadas e contrastantes fundidas por Giambattista Bodoni também deixaram um legado memorável na tipografia – e muito disso se deve a sua esposa, Margherita Bodoni, que manteve a oficina em funcionamento após o falecimento do marido e publicou várias obras póstumas. Suas características seguem um estilo parecido com as das letras de Didot, mas menos abertas e com hastes mais marcadas, sugerindo um peso maior. A Bauer Bodoni (Figura 5.11), criada em 1926 pelo tipógrafo alemão Heinrich Jost, é considerada uma das mais fiéis reproduções dos tipos originais.

Figura 5.11 – **Demonstração da fonte Bodoni**

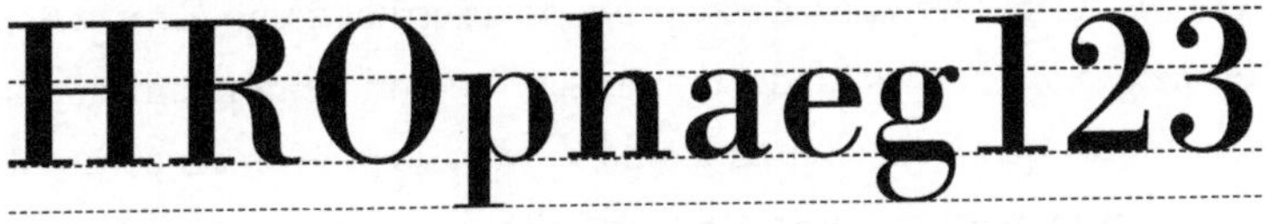

HROphaeg123

- **Walbaum:** na esteira de Didot e Bodoni estão as letras projetadas pelo tipógrafo alemão Justus Walbaum. Seguindo a mesma modulação acentuada e serifas finas, a Walbaum foi resgatada pela Fundação Berthold, em Berlim, que lançou uma versão aprimorada da família tipográfica em 1975.

5.6 Letras mecânicas ou egípcias

Enquanto a tipografia do livro era ainda dominada pelos tipos romanos e românticos, a publicidade e as peças gráficas efêmeras (*tickets* de trens, ingressos de teatro, emissões bancárias etc.) recebiam influências tipográficas muito mais amplas. As letras que agrupamos como mecânicas ou egípcias, na verdade, incluem variações caracterizadas muito mais pelos exageros das formas e pelas variações de corpo e peso do que por uma característica considerada padrão entre elas.

As serifas egípcias, em seus traços grossos e carregados, são um marco da época. O nome é apenas um apelo neoclássico: não quer dizer que tenham, de fato, surgido no Egito (em inglês, atualmente o termo usado para esse tipo de serifa é *slab*). Embora as letras mecânicas sejam caracterizadas, geralmente, pela ausência de modulação, elas englobam também os estilos *fat-face* e as letras supercondensadas que figuravam nos cartazes e letreiros dos centros urbanos. Alguns autores fazem referência a essa profusão de estilos como *letras góticas* ou *neogóticas*. Na realidade, muitas são uma primeira manifestação das fontes que hoje chamamos de *display*, que têm mais como objetivo proporcionar contraste e atitude às palavras do que alguma legibilidade ou homogeneidade.

Entretanto, várias famílias tipográficas se destacam. Letras mecânicas e egípcias apresentam serifas retas e praticamente na mesma espessura dos demais traços. Seu eixo é vertical, e os contrastes entre as linhas ascendentes e a linha do x são baixos.

Figura 5.12 – **Diagrama com a palavra *egípcias* construída com a fonte Bree Serif, criada por Veronika Burian e José Scaglione e lançada em 2008**

Egípcias

Repare na ênfase para as grossas serifas que se prolongam quase com a mesma espessura dos traços de cada letra.

Exemplos de letras mecânicas e egípcias

- **Rockwell**: projetada em 1934 nos estúdios internos da Fundição Monotype, a Rockwell tem uma constituição pesada, com largas serifas egípcias (inclusive a característica serifa superior no "A" maiúsculo) e zero modulação entre seus traços, o que a torna uma excelente opção para títulos, letreiros e outros materiais chamativos. A Rockwell teve seu design baseado em uma fonte chamada Litho Antique, lançada pela fundição norte-americana Inland em 1895. Porém, o estilo da Rockwell (Figura 5.13) apresenta maior precisão geométrica e aproveitamento de espaço horizontal.

Figura 5.13 – **Demonstração da fonte Rockwell (regular)**

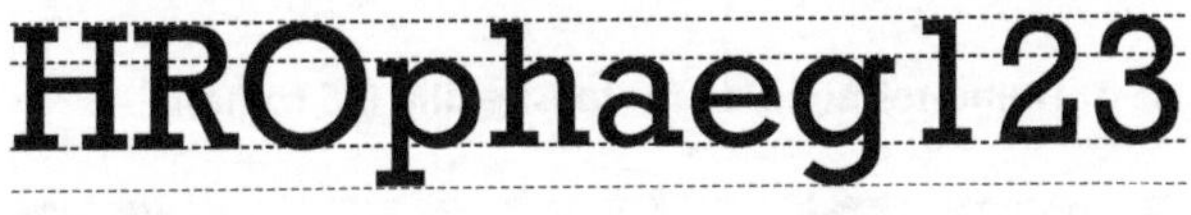

HROphaeg123

- **Clarendon:** a Clarendon original data da Era Vitoriana. Lançada em 1845, tem seu design creditado a Robert Besley (que também viria a ser prefeito de Londres em 1869). Caracterizada por serifas pesadas, terminais em gota e eixo racionalista, essa bela fonte foi retrabalhada e lançada várias vezes, a ponto de quase ser referida como um estilo, e não apenas como uma família específica. Talvez o aparecimento mais memorável da Clarendon (ou de suas variações) esteja nos cartazes de "Procura-se" relativos aos bandidos do Velho Oeste norte-americano.

Figura 5.14 – **Demonstração da fonte Clarendon**

HROphaeg123

- **Caecilia**: lançada em 1991 por Peter Matthias Noordzij, a família de fontes Caecilia apresenta características mecânicas em seus traços, embora inclua variações de peso e refinamentos que a fazem adquirir a mesma delicadeza e legibilidade das fontes romanas. Vinte e cinco anos depois, a fonte também ganhou uma versão sem serifa, mantendo a baixa modularização dos traços e uma leve inclinação na versão itálica.

Figura 5.15 – **Demonstração da fonte Caecilia (55 roman)**

HROphaeg123

5.7 Letras lineais, realistas ou modernistas

Em um movimento originado no fim do século XIX, a tipografia rompeu de vez com a semelhança da letra caligráfica mediante a adoção de critérios minimalistas para o desenho dos tipos. Agrupadas nas letras *lineais* (palavra que deriva do francês *linéale*, uma categoria saída diretamente da classificação de Maximilien Vox), tais fontes também são chamadas de *realistas* ou *modernistas*. Nessa categoria estão todas as fontes que não usam serifas e apresentam pouca ou nenhuma modulação no traço, obtendo-se como efeito a ausência de um eixo identificável nos caracteres. As chamadas letras grotescas desenvolvidas por tipógrafos como Peter Behrens e Edward Johnston buscavam eliminar os traços ornamentais e priorizar cada caractere por sua estrutura, como uma maneira de enfatizar a forma da letra em sua função prioritária: proporcionar legibilidade.

Essa tendência foi amplificada pelos tipógrafos modernistas da Bauhaus e das demais escolas do início do século XX. Reduzindo o design dos tipos a aproximações geométricas, várias fontes foram desenvolvidas com a ideia do minimalismo gráfico: formas circulares, ângulos retos e nada de serifas ou modulações ou qualquer coisa que lembrasse a caligrafia. Fazendo um meio-termo entre a completa geometrização da letra e o aspecto grotesco das tipografias sem serifa originais estão as fontes chamadas *grotescas transicionais* ou *neogrotescas*, que resgatam as formas modernas do fim do século XIX acrescentando alguns ajustes e refinamentos ópticos.

Na intenção de aliar tendências modernistas ao humanismo das letras romanas, algumas fontes do início do século XX apresentavam características como a ausência de serifa associada a uma leve modulação, sugerindo um eixo romano aos caracteres. A Gill Sans (Figura 5.16), projetada por Eric Gill em 1928, é o melhor exemplo de letra lineal humanista. Existe, ainda, um pequeno grupo de letras lineais chamadas *incisas*, as quais não têm serifa, mas apresentam leve modularização baseada nas antigas letras gregas e romanas gravadas em pedra.

Figura 5.16 – **Demonstração da fonte Gill Sans**

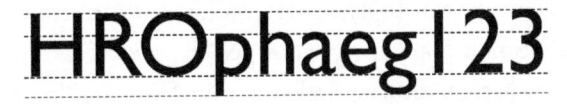

HROphaeg123

Os caracteres simples e sem serifa recebem leves modulações de traço em suas juntas.

Famílias tipográficas lineais costumam abrigar versões oblíquas de suas fontes. Inspirada nas fontes renascentistas itálicas, a oblíqua traz uma variação inclinada dos caracteres, mantendo a maioria dos aspectos, como a altura de x e terminais retos, sem serifa.

Figura 5.17 – **Família de fontes Lucida, projeto iniciado pelos tipógrafos Charles Bigelow e Kris Holmes e que teve seus primeiros modelos lançados ainda nos anos 1980**

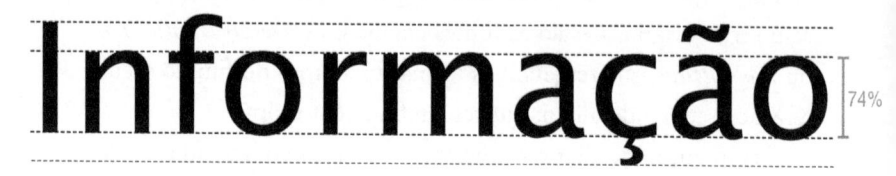

Informação

74%

As grandes contraformas e o espaçamento generoso da família Lucida Sans são escolhas estratégicas: suas fontes precisam proporcionar legibilidade tanto em telas quanto em materiais impressos.

Exemplos de letras lineais

- **Akzidenz Grotesk**: por muito tempo, a fonte Akzidenz Grotesk (Figura 5.18) permaneceu com autoria anônima, tendo como indicador apenas a fundição que a encomendara (Berthold). Sua primeira publicação oficial ocorreu em 1898, embora existam registros de fontes muito parecidas já em circulação anteriormente na Alemanha e na Inglaterra (Reynolds, 2019). Contudo, seu uso só se tornou popular nos anos pós-Segunda Guerra Mundial, quando já era tarde para creditar algum designer pelos seus traços. O próprio nome dessa fonte é uma expressão alemã que poderia ser traduzida como "sem-serifa comercial", ou seja, indica uma fonte que se caracteriza justamente pelos traços simplificados e sem ornamentos, além do estilo geométrico (com pingos quadrados no "i" e no "j" minúsculos), sendo usada para impressões em materiais populares, comerciais (*Akzidenzen*, em alemão). Embora não saibamos sua exata origem, é consenso que seus traços serviram de inspiração para as mais populares fontes sem serifa do século XX.

Figura 5.18 – **Demonstração da fonte Akzidenz Grotesk (regular)**

HROphaeg123

- **Helvetica**: talvez a mais popular fonte tipográfica e de uso mais saturado no universo do design, a Helvetica deve suas origens aos designers Max Miedinger e Eduard Hoffmann. Seu nome original quando foi lançada, em 1957, era Neue Haas Grotesk. Caracterizada por suas intenções de neutralidade, a Helvetica (Figura 5.19) é tratada como uma fonte universal e por ser um símbolo do Estilo Internacional. As letras sem serifas, milimetricamente calculadas em seus vários pesos e variações, bem como os ajustes finos de ascendentes e descendentes e a modularização suavizada em todos os conectores, fazem da Helvetica uma frequente opção em qualquer tipo de material, tendo sido inclusive adotada como fonte-padrão para os sistemas operacionais da Apple.

Figura 5.19 – **Demonstração da fonte Helvetica Neue (regular)**

HROphaeg123

- **Futura**: eleita por Bringhurst (2005) como a melhor fonte geométrica sem serifa, a Futura é uma criação do tipógrafo Paul Renner para a Fundição Bauer, de Frankfurt. Lançada em 1927, carrega em seu nome a pretensão de condensar em seu estilo as formas tipográficas do futuro: minimalista, geométrica, sem modulação de traço e com ousadas decisões formais, como o "a" minúsculo aberto e os pontiagudos ápices das letras maiúsculas. Discordando levemente de Bringhurst, sugiro passar o posto de melhor fonte geométrica para a Avenir: desenhada por Adrian Frutiger e lançada em 1988 pela Linotype, é uma espécie de redesign das fontes da família Futura, preservando o mesmo aspecto geométrico, mas com mais refinamento em alguns caracteres.

Figura 5.20 – **Demonstração da fonte Futura (light)**

HROphaeg123

- **Univers**: Adrian Frutiger foi um dos mais proeminentes designers de fontes do século XX. O grande diferencial da fonte Univers, lançada em 1957, foi o escopo de sua implementação: considerada um símbolo da transição dos tipos metálicos para a fotocomposição tipográfica, ela foi elaborada simultaneamente para ambos os formatos, mantendo seus aspectos consistentemente entre os dois processos. Frutiger também incluiu um sistema de variação de pesos e largura parametrizado numericamente, fazendo da Univers uma escolha extremamente versátil (*vide* Figura 3.3). Apresenta ascendentes e descendentes finos, com terminais retos e pouca variação modular.

- **Avant Garde**: essa fonte foi originalmente projetada para um logotipo por Herb Lubalin, em 1970. Seu estilo inclinado e geométrico inclui variações e ligaturas voltadas para composições de títulos e letreiros estilizados.

5.8 Letras escriturais e caligráficas

As fontes escriturais (*script*) são uma maneira de recriar os traços da caligrafia fina, caracterizada principalmente pelas letras *copperplate* inglesas desenhadas a bico de pena. Tais fontes apresentam inclinações muitas vezes maiores que as das letras itálicas, em traços mais orgânicos e conectados por um mesmo fio, simulando a escrita caligráfica.

No entanto, a classificação escritural também engloba as letras que simulam traços de pincel e marcadores. As chamadas *brush scripts* são fontes que simulam uma escrita mais casual e menos padronizada que as letras caligráficas, mas ainda assim com o aspecto manual como seu principal atributo.

Várias letras escriturais incluem traços decorativos, terminais exagerados e grandes "invasões" de *kerning*, com ligaturas e conectores que atravessam várias letras. Há, ainda, as letras comumente chamadas de *fracturais*, palavra que vem do alemão *fraktur*, que, por sua vez, deriva do latim *fractura*, que significa "quebra". Para escrever na caligrafia fractural, os escribas e monges precisavam "quebrar" o traço, pois as ferramentas de escrita liberavam tinta apenas em movimentos descendentes no papel. Muitos autores dedicam a essas letras uma categoria própria, subdividindo essa classificação entre fracturais rotundas, texturas e góticas. Por serem letras baseadas na caligrafia medieval, podem ser classificadas como escriturais, mas também chamam a atenção por seus traços caracteristicamente grossos, bem como por suas formas angulares e pela formação de densas manchas de texto.

Figura 5.21 – **Diagrama com a palavra *empatia* construída com a fonte Milkshake, criada pela tipógrafa norte-americana Laura Worthington em 2016**

Empatia

Os traços grossos e fluidos desta fonte escritural geram ligaturas que emulam a caligrafia e, para manter essa identidade, suas maiúsculas criam grandes linhas de compensação.

Exemplos de letras escriturais

- **Zapfino**: uma das mais elegantes faces tipográficas cursivas, a Zapfino (Figura 5.22) foi projetada por Hermann Zapf e lançada pela Linotype em 1998 com quatro variações, além de várias ligaturas suplementares. A fonte apresenta forte inclinação, serifas transicionais, grande modulação entre os traços e ascendentes e descendentes extremamente alongados. Zapf também projetou a primeira fonte digital, em 1973, chamada Marconi, que é o primeiro registro de uma fonte *bitmap*, isto é, com caracteres cujos traços são compostos por linhas de *pixels* definidas.

Figura 5.22 – **Demonstração da fonte Zapfino (padrão)**

- **Mistral**: lançada pela fundição francesa Olive Fonderie em 1953, a Mistral (Figura 5.23) foi projetada pelo tipógrafo Roger Excoffon, que utilizou a própria letra manuscrita para sua criação (um exercício interessante para muitos estudantes da tipografia, aliás). As letras minúsculas se conectam por meio de terminais alongados, mas as maiúsculas são caracterizadas por terminações retas.

Figura 5.23 – **Demonstração da fonte Mistral**

- **Comic Sans**: a polêmica Comic Sans foi projetada por Vincent Connare sob encomenda da Microsoft. Seu uso original estava no sistema operacional Microsoft Bob, uma espécie de "Windows para crianças", com uma interface que imitava o interior de uma casa, além da presença de "mascotes" virtuais que guiavam as interações. Embora não tenha chegado a ser implementada nesse projeto, a Comic Sans foi incluída nos catálogos dos sistemas operacionais dos computadores a partir de 1994 e acabou se tornando muito popular. Os traços irregulares, as grandes aberturas e a semelhança com as letras usadas em histórias em quadrinhos conquistaram a simpatia de muitas pessoas que operavam processadores de texto e tinham liberdade para escolher as fontes de seus projetos não comerciais. Isso ocasionou um aparecimento além do normal da Comic Sans (Figura 5.24) em contextos aleatórios e não muito condizentes com seu estilo informal.

Figura 5.24 – **Demonstração da fonte Comic Sans**

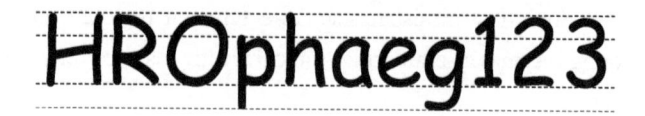

HROphaeg123

Teriam estas inocentes letras dado a "volta completa" e se tornado legais novamente?

5.9 Letras decorativas ou *display*

Em toda tentativa de categorização, há sempre uma última "gaveta" que recebe um rótulo como *outros* ou *diversas*. Na tipografia, esse impasse foi resolvido convencionando-se uma categoria tipográfica de fontes decorativas ou *display* (Figura 5.25). Trata-se de estilos que transcendem as demais famílias por empregarem elementos formais que podem ser comuns a mais de uma ao mesmo tempo. Fontes decorativas são mais relacionadas à forma do texto do que ao conteúdo. Elas são o oposto do cálice de cristal de Beatrice Warde, sendo muito mais utilizadas em materiais publicitários, logotipos, letreiros e outros materiais persuasivos, geralmente em grandes formatos.

Figura 5.25 – **Demonstração de fonte *display***

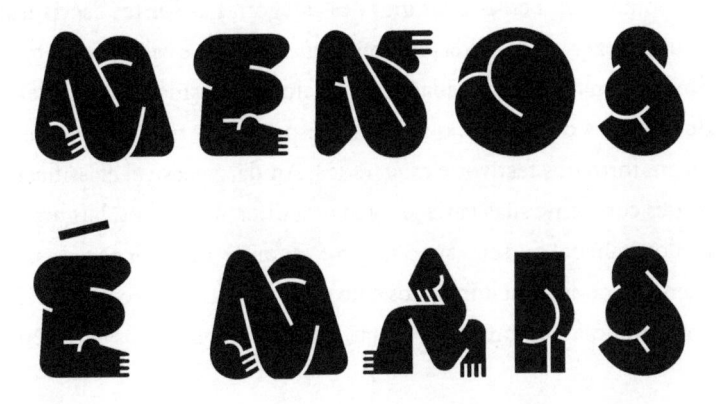

Esta fonte chama-se Typefesse e foi projetada pela designer francesa Océane Juvin em 2019. Seus divertidos caracteres são tentativas de representações caricaturizadas de partes do corpo humano. A fonte foi disponibilizada pela Fundição Velvetyne, que desde 2010 distribui fontes gratuitamente.

5.10 Por uma classificação simplificada

Quando você, tipógrafo, for procurar por fontes, perceberá que dificilmente os sistemas terão alguma forma de organização baseada nos estilos da história da arte ou nos aspectos técnicos que acabamos de comentar. As classificações tendem a ser compostas por categorias que facilitem a navegação, isto é, que contemplem as necessidades do usuário e o ajudem a chegar mais rapidamente às suas preferências.

O mais comum é que se considere uma grande divisão entre **fontes serifadas** e **fontes sem serifa**. Entre as primeiras estão todos os tipos romanos, neoclássicos, reais, românticos e egípcios. De fato, a serifa é uma característica tão marcante que geralmente é eleita como a melhor categoria básica de distinção. Já os tipos sem serifa compreendem toda a gama de letras lineais, grotescas e geométricas.

Somam-se a essas duas grandes categorias as **fontes escriturais** (muitas vezes subdivididas em fontes manuscritas e caligráficas) e, por fim, as demais fontes acabam caindo em um mesmo balaio de letras **decorativas ou *display***, que dizem respeito às letras ornamentadas ou em formatos festivos e exagerados. Ainda, é possível classificar as fontes conforme suas variações (se têm diferentes pesos, larguras ou estilos itálicos) ou seu espaçamento: as fontes **monoespaçadas**, por exemplo, podem incluir estilos com e sem serifa, tendo como critério em comum a padronização do tamanho M em todos os caracteres.

Figura 5.26 – **Expressão composta com a fonte Brasilêro, criada por Crystian Cruz em 1999**

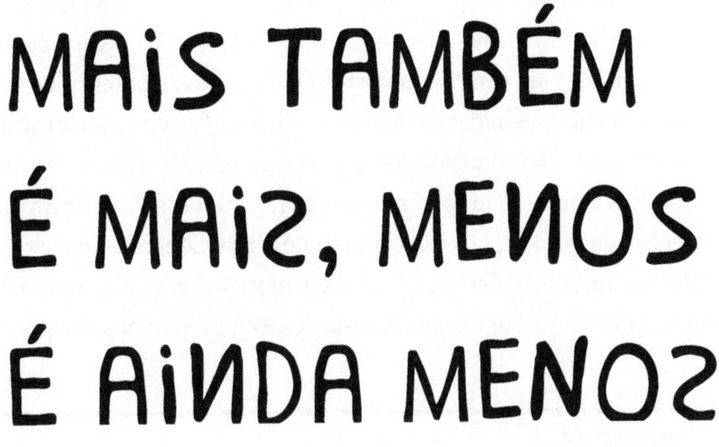

MAiS TAMBÉM
É MAiZ, MENOS
É AiNDA MENOZ

O projeto desta fonte se baseia em caracteres vernaculares "capturados" em fotografias e combinados em um conjunto de tipos variáveis.

Existem também fontes que não se enquadram em nenhuma categoria. Muitas letras expressionistas ou pós-modernas apresentam aspectos propositalmente desconstruídos, utilizando os próprios traços como forma de expressar mensagens. A fonte Beowulf, por exemplo, foi projetada em 1990 pelos designers holandeses Erik van Blokland e Just van Rossum. Seus traços são gerados computacionalmente, a partir de uma programação aleatória. Outro exemplo é a fonte Diversity, criada em conjunto por mais de 300 pessoas de 54 países. Lançada pela agência Distillery, a fonte tem um design único para cada caractere, que usa os códigos para caixa-alta e caixa-baixa para alternar entre diferentes estilos[2].

Além disso, a tipografia digital garantiu diversas adaptações de letras para as limitações dos primeiros visores digitais e, assim, gerou tipos com ângulos retos e compostos *pixel* por *pixel*, conferindo-lhes características quadradas e pouca ou nenhuma diferença entre caixas altas e baixas. Não podemos nos esquecer também das fontes *dingbats* e dos ornamentos, que não usam caracteres latinos, mas também são coleções de glifos aplicáveis como fontes. Tais categorias poderiam estar no mesmo galho das fontes decorativas, mas isso seria um menosprezo à sua significância histórica e cultural para a tipografia.

SÍNTESE

Classificações tipográficas sempre se mostram insuficientes para abarcar todas as variações de estilo que encontramos nas fontes atuais. Entretanto, é possível reconhecer alguns dos principais estilos por meio das características formais de cada tipo de caractere. Geralmente, fontes são agrupadas em categorias que identificam as com serifa, sem serifa, escriturais e *display*, mas também podem ser classificadas como monoespaçadas ou, ainda, demandar categorias especiais de acordo com seus métodos de criação. O importante não é decorar todas as categorias, e sim compreender a lógica de classificação.

---

[2] O projeto completo pode ser visitado em <https://diversitytype.wearedistillery.co/>, e a fonte pode ser adquirida mediante a doação mínima de 1 libra esterlina.

QUESTÕES PARA REVISÃO

1. Quais são as classificações tipográficas mencionadas ao longo deste capítulo?

2. Embora as origens da Akzidenz Grotesk sejam incertas, suas características remetem às várias fontes simplificadas que surgiram como consequência do movimento moderno. Quais seriam essas características e em que outros exemplos de fontes podemos encontrá-las?

3. Assinale a alternativa que contém apenas características das letras denominadas *mecânicas* ou *egípcias*:

    a. Inclinação de 10°, pouca modulação nos traços e ausência de serifas.
    b. Traços grossos e carregados e serifas *slab*.
    c. Traços manuscritos, grande modulação e espaçamento fixo.
    d. Ausência de serifa e de formas geométricas.
    e. Formas muito variadas para serem classificadas em um estilo único.

4. Assinale a alternativa que contém apenas exemplos de fontes com letras denominadas *escriturais*:

    a. Fontes *slab*, fontes com versão itálica e fontes góticas.
    b. Fontes *blackletter*, fontes geométricas e fontes manuscritas.
    c. Fontes no estilo *brush script*, fontes caligráficas e fontes fracturais.
    d. Fontes transicionais, fontes romanas e fontes monoespaçadas.
    e. Fontes no estilo *brush script*, fontes romanas e fontes egípcias.

5. Além do estilo, outros fatores podem ser usados para classificar fontes. Um exemplo é usar atributos como o espaçamento. Qual nome é dado às fontes que levam um tamanho fixo de espaçamento entre todos os seus caracteres?

   a. Fontes autoespaçadas.
   b. Fontes *display*.
   c. Fontes de *kerning* óptico.
   d. Fontes monoespaçadas.
   e. Fontes bicamerais.

QUESTÕES PARA REFLEXÃO

1. Embora as classificações tipográficas nos ajudem a organizar nossas fontes e referências, muitas vezes não sabemos em qual "caixa" colocar as novas fontes que encontramos. Como você organiza as fontes para criar seus projetos?

spr/Shutterstock

Capítulo 6

A PRÁTICA DA TIPOGRAFIA

CONTEÚDOS DO CAPÍTULO
- Estratégias para selecionar as fontes de seus projetos.
- Exemplos de aplicação dos conhecimentos tipográficos em projetos de design.
- A abordagem do design da informação.
- Considerações sobre a tipografia vernacular.
- Questões de acessibilidade.
- Processo de criação de tipos.

APÓS O ESTUDO DESTE CAPÍTULO, VOCÊ SERÁ CAPAZ DE:
- colocar em prática os conhecimentos tipográficos em diferentes tipos de projeto, desde a escolha da fonte até a organização do texto no *layout*;
- definir requisitos tipográficos e avaliar o projeto do texto em diferentes suportes;
- elaborar uma face tipográfica própria, desenhando caracteres e fazendo ajustes e compensações visuais.

6.1 Fatores de escolha de fontes

Não existe uma fórmula padronizada para lidar com tipografia em projetos de design. O panorama de situações e problemas é amplo demais para acreditarmos que possa haver uma receita pronta. Justamente por isso temos de nos munir de conhecimentos tipográficos não como se eles fossem uma caixa de ferramentas sem fundo, da qual infinitamente tiramos aquilo que é necessário para cada situação específica, mas como se apontassem para uma espécie de lógica. O mais importante não é decorar tudo o que está neste ou em outros livros, mas aprender onde pesquisar referências, como abordar e interpretar cada situação e de que forma aproveitar ao máximo aquilo que cada fonte ou família tipográfica proporciona para nossos projetos.

Bringhurst (2005) explica que a tipografia existe para honrar o texto. Nela há uma potencialidade: ela confere energia, personalidade e confiabilidade ao design. Na maioria dos projetos, a tipografia começa pela escolha da fonte. Buggy (2018) indica alguns critérios para esse momento delicado: primeiramente, é necessário ter noção de que uma fonte comunica pelo seu conjunto de caracteres, e não pelos traços individuais de cada letra. Isso significa que palavras e textos formados por fontes diferentes terão, igualmente, diferentes efeitos emocionais e cognitivos nos leitores. Tendo isso em vista, para escolher uma fonte, é preciso avaliar os critérios descritos na sequência.

Fatores tipográficos
- **Estilo da fonte**: estratégia importante para trabalhos com viés historicamente localizado, escolher uma fonte com estilo condizente ao do texto significa, evidentemente, que antes será preciso ler o texto. Muitos detalhes e dicas sobre a fonte mais adequada para o texto podem ser obtidos com uma leitura, ainda que rápida, que revele informações sobre o autor, o tema central e o público-alvo.
- **Configuração dos caracteres**: muitas fontes não incluem acentos e outros sinais próprios da língua portuguesa. Também é útil avaliar se o projeto demanda fontes com variações de peso e versão em itálico.
- **Quantidade de fontes disponíveis para uso**: esse fator tem um lado econômico e um lado administrativo. Fontes costumam ser caras, então é interessante avaliar o orçamento disponível para fazer a escolha. Em trabalhos para identidades corporativas ou campanhas publicitárias, geralmente já há uma fonte oficial que precisa estar em uso ou alguma fonte predefinida que deve combinar com outras cujas características remetam a datas comemorativas, ocasiões especiais e demais contextos particulares. Em trabalhos de *lettering*, é comum que várias fontes e até mesmo elementos caligráficos sejam combinados conforme a frase ou a expressão representada. Nesses casos, a quantidade de estilos usados é bastante flexível.

Fatores do suporte
- **Mídia**: é importante considerar o produto final do projeto. O texto aparecerá impresso ou apenas na tela? Será reproduzido em tamanhos diferentes? Se for impresso, será em materiais

convencionais como o papel ou existe a intenção de imprimir em locais inovadores? O projeto tipográfico será aplicado mecanicamente ou pintado à mão? Há muitas discussões que apontam para a defesa da ideia de que as fontes serifadas são a melhor escolha para impressos e as fontes lineais são as mais legíveis em telas. Mas tal discussão é extremamente localizada. Essa dualidade nem ao menos faz sentido para um texto escrito em caracteres japoneses, por exemplo. Ou seja, nenhuma mídia dita um estilo de fonte.

- **Quantidade de cores do material**: Seu texto deverá dialogar com massas de cor, fundos coloridos ou materiais texturizados? Somos habituados a pensar na tipografia em preto e branco. Isso porque a maioria dos livros e materiais impressos que lemos traz letras renderizadas monocromaticamente. Porém, é útil analisar se o jogo de cores permite escolhas tipográficas mais ousadas.
- **Influência ambiental**: O texto aparecerá em um ambiente bem iluminado? Estará disputando atenção com outros elementos e textos? Fatores ambientais também englobam a durabilidade do material e condições de acesso. Textos impressos em canhotos de pagamento, por exemplo, costumam esmaecer após um tempo, o que demanda a inclusão de um espaço para *disclaimer* alertando sobre esse fato.

Fatores de uso e leitura

Como já discutimos, a legibilidade e a leiturabilidade são características fundamentais de qualquer tipo, variando apenas o nível em que se apresentam em cada caso. Contudo, é necessário pensar do ponto de vista do leitor. Muitas vezes, ele estará em condições que comprometem o ritmo da leitura ou até mesmo a visibilidade do texto. Sob essa perspectiva, Buggy (2018) cita algumas questões: familiaridade com o desenho dos caracteres; ângulo de visão do material; distância; tempo de exposição e movimento.

Ler é uma atividade cultural, uma ação sujeita a inúmeros fatores, como formação, educação, disponibilidade de materiais, incentivo e motivação. Existem vários estudos que versam a respeito dos aspectos cognitivos da leitura e cujas conclusões evidenciam a maneira como os olhos obtêm e processam informações. De todo modo, o mais importante é sempre abrir espaço para investigações acerca do contexto dos leitores em qualquer projeto tipográfico. Isso não significa apenas testar uma fonte antes de imprimir a versão final ou publicar seu arquivo na internet, mas também levantar os aspectos e fatores de leitura como requisitos. Na área do design gráfico, há um campo voltado para essas problemáticas: o design da informação.

6.2 A tipografia do design da informação

O design da informação (DI) é a área do conhecimento voltada para o estudo referente à otimização da obtenção da informação. Segundo Pettersson (2010), os projetos do DI empregam a tipografia como um recurso comunicacional que visa proporcionar aos leitores maior eficácia, rapidez e clareza no acesso aos conteúdos. Mijksenaar (1997) sugere simplificar a abordagem do DI no sentido de entendê-lo como a busca pelo equilíbrio entre a satisfação propiciada pelos materiais informacionais (isto é, o quão bem recebidos pelo público eles são), sua utilidade (o quanto eles influenciam em ações e tomadas de decisão) e sua confiabilidade (ou seja, se transmitem a informação de maneira clara e precisa).

Em termos tipográficos, o mais importante é compreender os **papéis** que um texto assume para criar narrativas informacionais. De acordo com Horn (1998), por exemplo, o texto passa a fazer parte de uma linguagem gráfica e, dado seu propósito de instruir, informar, ensinar ou alterar o comportamento das pessoas, representa um dos vários recursos visuais que atuarão para melhor equipar o leitor com as informações de que este precisa para realizar tarefas, atingir objetivos educacionais ou reter na memória informações importantes.

Exemplos precisos sobre o papel dos textos no DI podem ser encontrados em estudos como o de Hammerschmidt e Spinillo (2021), que analisam a informação tipográfica nos rótulos de produtos alimentícios em busca de recomendações para a legibilidade de pessoas idosas com baixa visão. Em situações específicas como essa, a tipografia precisa ser projetada de forma a garantir que públicos específicos obtenham a mesma informação que as pessoas com visão regular. As variáveis tipográficas (estilo, tamanho, entrelinha) dialogam com outros elementos (cores, traços, imagens) em diferentes modalidades (tabelas, parágrafos, legendas), demandando configurações e testes de legibilidade distintos.

Muitos estudos que fundamentam a atribuição de papéis tipográficos no DI remetem ao papel retórico do design, isto é, o design como uma série de recursos e estratégias empregados com o intuito de criar mensagens persuasivas ou convincentes para os leitores. Estudos clássicos da semiologia como o de Barthes (1964) sugerem que textos, ao estarem integrados a imagens, podem desempenhar papéis de **complemento**, ao trazerem informações que não estão presentes pictoricamente, ou podem desempenhar um papel de **ancoragem**, reforçando o que já está representado na imagem (Figura 6.1).

Figura 6.1 – **Representação dos conceitos de integração texto-imagem de Barthes**

A placa de cima traz informações textuais que complementam a imagem, enquanto a de baixo apresenta informações que a ancoram.

Por conta das diferentes formas e composições dos caracteres, Bringhurst (2006) sugere a aplicação do texto conforme a convenção dos dispositivos e formas estruturais da informação. Em virtude de seu aspecto e de sua relação com as demais informações, um texto pode assumir um papel de título, subtítulo (em vários níveis), legenda, nota ou quaisquer outras categorias que o designer precise criar pela diferenciação dos caracteres (Figura 6.2).

Figura 6.2 – **Exemplo de tipografia disposta com diferenciações hierárquicas para cada informação, com o uso da família de fontes Inter, projetada por Rasmus Andersson em 2016**

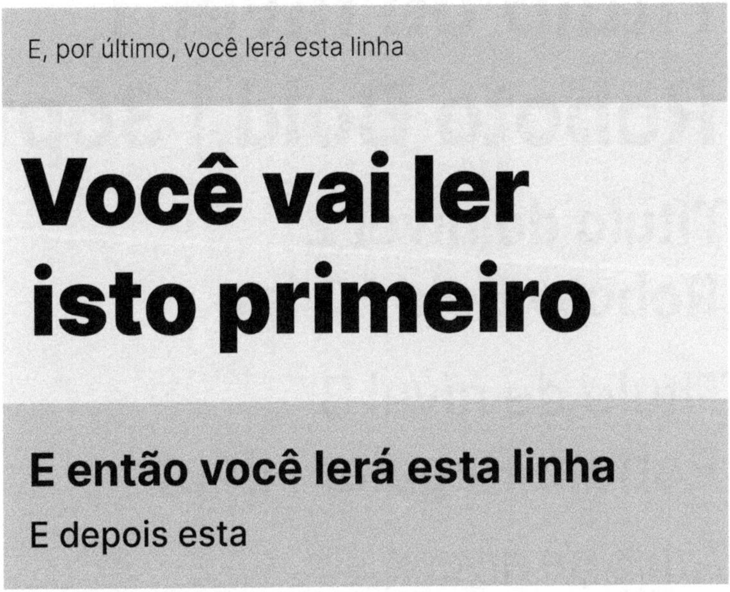

E, por último, você lerá esta linha

Você vai ler isto primeiro

E então você lerá esta linha
E depois esta

    Considerando o estabelecimento dessas relações hierárquicas, podemos dizer que a tipografia é capaz de criar um código interno no projeto do texto. Um exemplo é a utilização da mesma formatação em diferentes seções para comunicar elementos informacionais de categorias iguais. Dessa forma, o leitor ganha recursos metacognitivos para acessar as informações e processar os textos a partir das mesmas referências, o que pode facilitar processos de aprendizagem. Pela tipografia sistematizada, o leitor navega por conteúdos, estabelece relações de sentido e desenvolve entendimentos sobre a navegação interna em conteúdos informacionais complexos.

Figura 6.3 – **Esquema de definição de hierarquias de texto com o uso da família de fontes Roboto**

Título de nível 1 Roboto Bold | 36pt

Título de nível 2 Roboto Bold | 24pt

Título de nível 3 Roboto Regular | 24pt

Título de nível 4 Roboto Light Italic | 21pt

Corpo de texto
Roboto Regular | 14pt

Legendas e notas de rodapé
Roboto Light | 11pt

Para compor este exemplo, apenas variáveis de peso, modo (regular ou itálico) e tamanho foram usadas, mas também é possível criar papéis para os textos por meio de suas cores, do nível de transparência, do posicionamento, da face tipográfica etc.

Há diferentes estratégias para conferir papéis tipográficos: diferenciação por tamanho, peso, variação, decoração ou até mesmo pela combinação de fontes distintas. Ainda que muitos autores insistam em regras arbitrárias, como combinar no máximo duas fontes diversas, o escopo dos projetos tipográficos é amplo o suficiente para rapidamente constatarmos que a quantidade de fontes em um projeto pode variar consideravelmente.

Geralmente, a combinação de fontes se dá por contraste: enquanto uma se encarrega de comunicar a hierarquia por suas formas pesadas ou pela maior quantidade de informação visual, a outra contempla conteúdos secundários ou de menor relevância comunicacional. É possível recorrer a famílias inteiras de fontes, dependendo da quantidade de categorias e dos níveis de informação com os quais se precisa lidar.

Em materiais complexos, como infográficos, interfaces e sistemas de sinalização, o papel da tipografia é ainda mais central. Por meio do texto, várias informações e funcionalidades precisam ser expressas, muitas vezes em diálogo com imagens e ícones de reforço (Figura 6.4). Para tanto, é necessário analisar as fontes em uso em todo o seu espectro de possibilidades de emprego de variáveis: famílias, tamanhos, pesos, versões, preenchimentos de cor, posicionamentos, relações com ícones e imagens e alinhamentos. Optar por uma dessas variáveis implica avaliar como as palavras se comportarão com o todo e que tipo de sentido elas produzirão dentro do sistema.

Figura 6.4 – **Exemplo de *card* para sistema de interface de usuário em aplicativo, com elementos tipográficos e variáveis definidas para cada um, usando a família de fontes Inter**

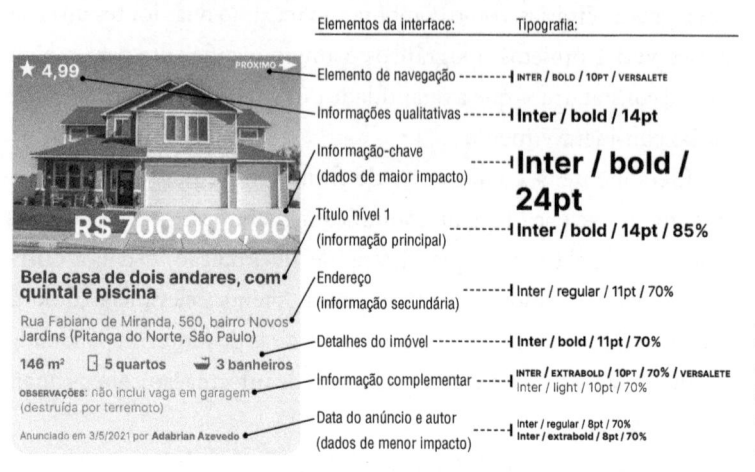

Elementos da interface:	Tipografia:
Elemento de navegação	INTER / BOLD / 10PT / VERSALETE
Informações qualitativas	Inter / bold / 14pt
Informação-chave (dados de maior impacto)	**Inter / bold / 24pt**
Título nível 1 (informação principal)	Inter / bold / 14pt / 85%
Endereço (informação secundária)	Inter / regular / 11pt / 70%
Detalhes do imóvel	Inter / bold / 11pt / 70%
Informação complementar	INTER / EXTRABOLD / 10PT / 70% / VERSALETE Inter / light / 10pt / 70%
Data do anúncio e autor (dados de menor impacto)	Inter / regular / 8pt / 70% Inter / extrabold / 8pt / 70%

alexmisu/Shutterstock

A área de design de interfaces (UI design) emprega a tipografia para sinalizar funcionalidades, navegação e indicações de uso e *status* no âmbito de um sistema informacional.

De fato, a tipografia, tratada sob esse ponto de vista, está muito mais próxima de uma ciência voltada a resultados práticos e avaliações empíricas, isto é, precisa ter seu impacto testado por diferentes leitores e avaliado por especialistas. Nessa ótica, Sless (1994) comenta que a área teve grande crescimento quando profissionais de outros campos se deram conta de que o texto é a principal forma de transmitir informações e detalhes técnicos. Economia, saúde, educação, comunicação – o texto perpassa os objetivos informacionais de várias especificidades e tem de ser considerado como um aspecto central de qualquer material comunicacional.

6.3 A disposição espacial do texto

Na maioria dos casos em que o texto estiver envolvido no projeto de design, ele demandará uma estratégia para sua disposição espacial. A ideia do *grid*, de acordo com Samara (2007), é muito antiga e remete à ancestral necessidade humana de elaborar recursos para a organização do próprio espaço: agrupar itens que são usados para as mesmas finalidades, dividir áreas úteis em uma habitação, definir regras em um campo para algum jogo etc.

Williamson (1986) explica que o *grid* medieval, usado em iluminuras e na construção das páginas dos manuscritos, era derivado de pontos e traços cujo propósito era guiar a mão do escriba na composição das colunas de palavras. Entretanto, as composições medievais também empregavam o *grid* como uma forma de estabelecer verticalmente elementos hierárquicos, sugerindo uma ordem simbólica entre os conteúdos das páginas dos códices.

Os tipógrafos do Renascimento passaram a encarar esse recurso de uma maneira mais pragmática. Rejeitando-se pressupostos simbólicos, o *grid* passou a representar uma abstração da relação entre os elementos compositivos da página do livro. Conforme exposto por Williamson (1986), foi uma mudança de foco do valor espiritual da composição para um campo de controle quantitativo da informação. A perspectiva matemática presente em materiais como pinturas e mapas simbolizava uma crescente atenção ao controle do espaço físico.

A influência desse racionalismo espacial é perceptível em áreas como a arquitetura e o urbanismo quando consideramos o conceito de *cidade planejada*, na qual áreas e bairros inteiros são definidos geometricamente e destinados a diferentes finalidades, como comércio, lazer, indústria e moradia. Quando designers e tipógrafos do construtivismo russo e dos demais movimentos da transição do século XIX para o XX passaram a empregar o *grid*, ele já era visto como uma ferramenta de ordenação visual aplicável ao texto. Um curioso movimento iniciado pelos designers pós-modernistas entre os anos 1970 e 1980 passou a sugerir o *grid* não mais apenas como um elemento invisível de ordenação, mas também como um aspecto do design, trazendo suas guias, retas e margens de forma desconstruída para a construção do *layout* (Samara, 2007).

O *grid* tipográfico é definido de maneira simples por Lupton (2006): trata-se da divisão do espaço ou do tempo em unidades regulares. Ele estabelece um sistema interno de controle e da ordenação do conteúdo por meio do alinhamento ou do deslocamento dos elementos compositivos.

Essa ferramenta está presente em diversos materiais escritos. Das colunas das páginas dos jornais, passando pelas margens espaçadas dos livros, chegando à ordenação dos elementos de uma interface visual de um *site* na internet, o *grid* permite diferentes configurações conforme o tipo de conteúdo que precisa comportar. De modo geral, Samara (2007) propõe que os *grids* são compostos por uma série de elementos em comum (Figura 6.5).

Figura 6.5 – **Exemplo de *grid* com seus elementos compositores**

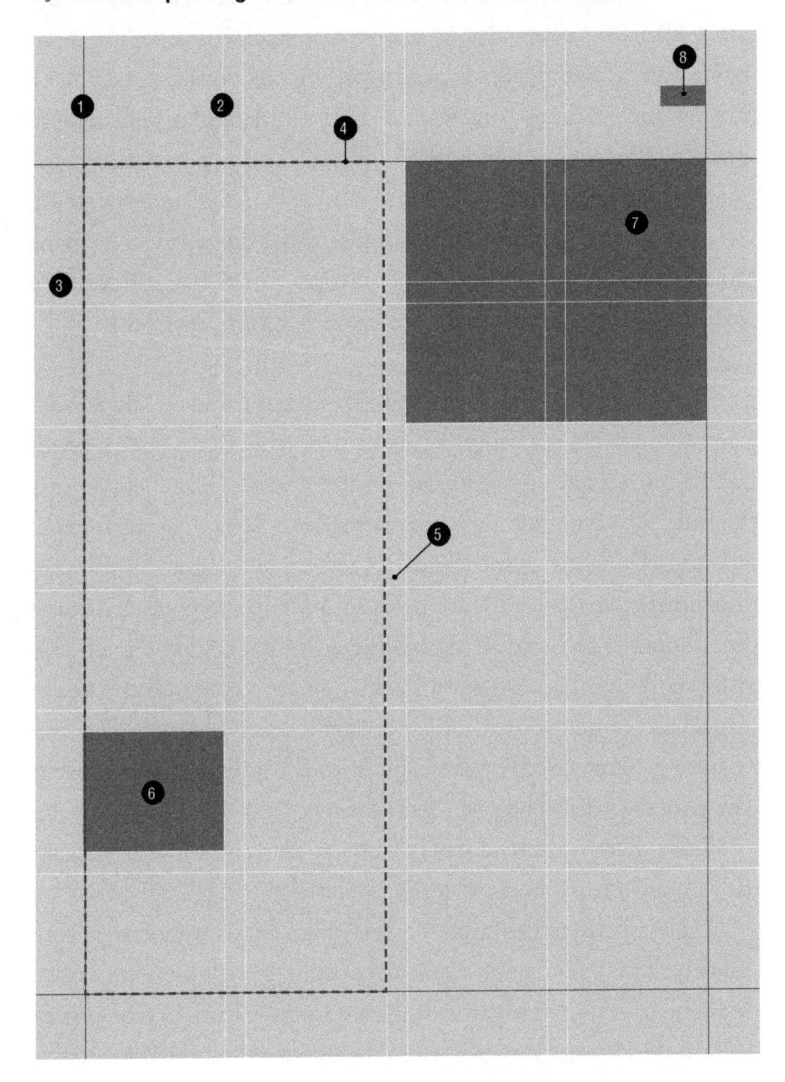

As **margens** (1) são espaços negativos que estabelecem o limite entre formato e conteúdo. A depender de sua largura, podem servir como área para conteúdos secundários, os quais, por sua vez, também demandam margens para respiro. Elas são definidas por meio de **guias verticais** (2), alinhamentos que seccionam a página verticalmente, criando suporte e limites para o texto. As guias verticais são atravessadas por **guias horizontais** (3), seções que dividem a página no topo para o limite inferior da margem. Guias formam **linhas e colunas** (4), que são espaços dedicados a textos, imagens e outros conteúdos.

Grids geralmente incluem espaços entre as colunas. Tais espaços são responsáveis por separar cada coluna, garantindo que os textos alinhados a cada uma não entrem em contato e acabem se misturando. O nome que tais espaços ganham varia, mas geralmente eles são chamados de **medianiz** (5), respiro ou sangra. As unidades individuais de espaço criadas pelas seções entre as guias verticais e horizontais são chamadas de **módulos** (6). O módulo é a unidade mínima do *grid*, e o uso de vários módulos em conjunto cria **zonas espaciais** (7), que podem abrigar imagens, textos especiais ou outras massas de conteúdo. Por fim, alguns *grids* contêm espaços específicos para conteúdos que não se encontram nas zonas espaciais dos módulos. São os **marcadores** (8), que podem indicar a localização de números de páginas, cabeçalhos, retrancas etc.

Existem diferentes tipos de *grid*. Para livros e materiais com manchas tipográficas homogêneas, costuma-se delimitar um espaço retangular na página a partir de alguns traços-chave. O esquema de Villard de Honnecourt, por exemplo, busca as interseções entre as diagonais das páginas abertas de um livro para localizar o espaço otimizado do texto. Uma lógica parecida é usada no cânone de Van de Graaf (Figura 6.6), que também busca definir o retângulo da mancha tipográfica do livro, deixando margens espaçadas (Mattos, 2014).

Figura 6.6 – **Representação das áreas de texto delimitadas pelo cânone de Van de Graaf**

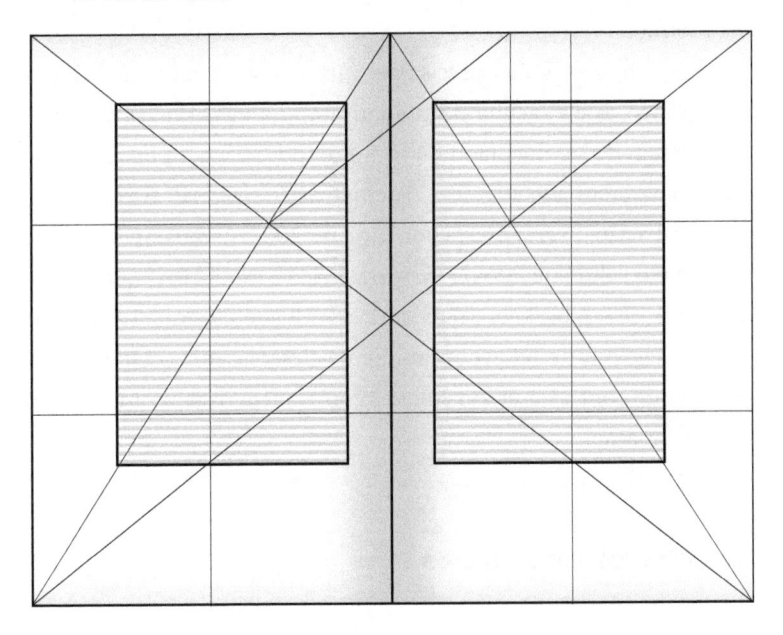

Este princípio para *grids* é muito usado em livros e foi popularizado por Jan Tschichold.

Grids modulares são aqueles que usam toda a estrutura de linhas-guia da página para sistematizar a localização das informações. Eles são úteis para definir uma mesma identidade para todo o documento, caso este tenha muitas páginas. São encontrados em tabelas, galerias de imagem, catálogos, infográficos e em outras disposições de informações com diferentes representações.

Os *grids* também podem ser configurados de forma mais simples, usando-se apenas colunas. É o caso da maioria dos *websites* e dos aplicativos. Em espaços com rolagem vertical, os módulos costumam ser definidos em unidades precisas, enquanto o *grid* se ocupa do espaçamento horizontal da informação. O *grid* de 12 colunas, por muito tempo, foi a convenção mais popular para o design de páginas na internet.

Por fim, o *grid* não precisa ser uma regra rígida para o *layout* tipográfico. Ele é, acima de tudo, um apoio visual que frequentemente tem de ser quebrado ou invadido por textos ou imagens que não conseguem adequar-se à sistematização original. A quebra ou desconstrução do *grid* é vista por Samara (2007) como um recurso de design tão válido quanto o *grid* geométrico e modular, já que muitas composições tipográficas têm uma identidade espontânea ou uma configuração espacial propositalmente desconstruída. Quebras no *grid* geram contraste, criam ênfase e contribuem para a compensação da informação.

6.4 Letreiros vernaculares

Seria deveras limitante aceitar os princípios do DI como os únicos válidos para a tipografia. Conforme Krippendorff (2005), a construção do significado do design está muito mais atrelada às pessoas e a suas comunidades do que a leis científicas e convenções formais. A tipografia se mostra um terreno extremamente sensível e capaz de comunicar os mais diversos valores, apresentando-se de maneiras inovadoras nos mais singulares contextos, como pode ser observado na Figura 6.7.

Figura 6.7 – **Um dos letreiros capturados em 2017 por Álvaro Sousa durante seu projeto de documentação da tipografia vernacular do litoral do Rio Grande do Norte, desenvolvido em parceria com José Guilherme Santa Rosa**

Álvaro Sousa

A área do design gráfico que estuda a chamada **tipografia vernacular** busca expressões locais e traços de personalidades comunitárias em placas, letreiros e fachadas elaborados por pintores e artesãos. Dones (2008) vincula a expressão tipográfica vernacular ao conceito de *cultura popular*, expressão que se refere à heterogeneidade de características, ambiguidades e contradições dos aspectos formais da disciplina. A autora associa a valorização dessa forma de expressão gráfica às correntes de pensamento pós-estruturalistas do design, que ganharam ênfase a partir dos anos 1970, nas universidades dos Estados Unidos.

As técnicas e estratégias de composição que se desenvolvem localmente seguem em paralelo à disciplina tipográfica. Exemplos da tipografia vernacular são estudados em várias frentes. No projeto conduzido por Hennes e Coutinho (2019), letras vernaculares da paisagem urbana de Recife são capturadas para serem recontextualizadas em usos educacionais. Ao possibilitarem o emprego das expressões locais como recurso didático para a alfabetização infantil, as letras vernaculares proporcionam experiências e expressões de maior riqueza em comparação com a mera seleção de fontes considerando-se apenas sua forma.

Figura 6.8 – **Letreiro fotografado por Álvaro Sousa no litoral do Rio Grande do Norte**

Álvaro Sousa

A escolha dos dois-pontos como separador entrepalavra é uma interessante estratégia tipográfica.

Questionar a tipografia vernacular em termos de legibilidade parece estranho porque as formas e disposições das letras comunicam localmente e criam significados por meio de sua circulação e incorporação na comunidade. Os leitores entendem não apenas palavras, mas intenções comunicativas e discursos locais. As tensões criadas pelo vernacular chegam ao próprio conceito da tipografia: o da prática como um fim em si mesma, voltada ao desenho das letras, e não ao seu planejamento para posterior reprodução (Sousa; Santa Rosa, 2017). O desenho das letras se mescla à paisagem, bem como aos ornamentos inclusos muitas vezes por razões de identidade, apelo humorístico ou aproveitamento de espaço. De acordo com as informações trazidas por Dones (2008), os letristas e cartazistas responsáveis por esses designs são, em diversos casos, autodidatas e seguem referências e inspirações da própria vivência, seja de fontes do computador, seja de outros letreiros locais.

Essa produção artesanal, de autoria muitas vezes anônima (ou não creditada) e circulação restrita às comunidades locais e a visitantes esporádicos, frequentemente acaba disputando suas formas produtivas com os meios mecânicos e emblemas corporativos que visam aos mesmos locais de suporte. O design e, sobretudo, a disciplina tipográfica devem muita atenção à expressividade vernacular. A esse respeito, Santa Rosa (Sousa; Santa Rosa, 2017) faz um interessante paralelo: cada letra desenhada por esses métodos é única, o que remete imediatamente aos esforços de Gutenberg para replicar as imperfeições caligráficas nos primeiros materiais que imprimia, como forma de conferir legitimidade à sua nova tecnologia.

Figura 6.9 – **Placa registrada por Álvaro Sousa no litoral do Rio Grande do Norte**

A presença de linhas-guia para a disposição do texto sugere uma lógica tipográfica que pressupõe um *grid* para a ocupação do espaço da placa.

6.5 Tipografia e acessibilidade

É possível incluir parâmetros de acessibilidade no projeto tipográfico? Os próprios conceitos de legibilidade e leiturabilidade estão ligados ao processo de obter informação de maneira otimizada, mas a acessibilidade diz respeito a um conceito mais amplo. De acordo com a NBR 9050, um material é acessível quando permite seu alcance, sua percepção e seu entendimento por qualquer pessoa (ABNT, 2004).

A acessibilidade está integrada a várias práticas: pode ser arquitetônica, comunicacional, pedagógica ou simplesmente atitudinal, quando nossas ações e percepções são inclusivas. Tipograficamente, a acessibilidade é uma questão referente ao desenho das letras e caracteres. Diante do exposto, fica a pergunta: Como tornar o texto acessível?

Letras se tornam mais acessíveis quando levam em conta os empecilhos e as dificuldades de pessoas cuja visão sofre de algum tipo de alteração. Sob essa perspectiva, Hammerschmidt e Spinillo (2021) citam problemas que pessoas idosas enfrentam em situações de baixa legibilidade: muitas têm condições de baixa visão em virtude de problemas de saúde como catarata, glaucoma ou degeneração macular. Nesses contextos, aumentar o contraste das letras com o fundo e o tamanho da fonte é um primeiro passo para uma tipografia mais acessível (Figura 6.10).

Figura 6.10 – **Comparação de cor do texto em diferentes contrastes (valores hexadecimais) considerando-se um fundo de tela branco**

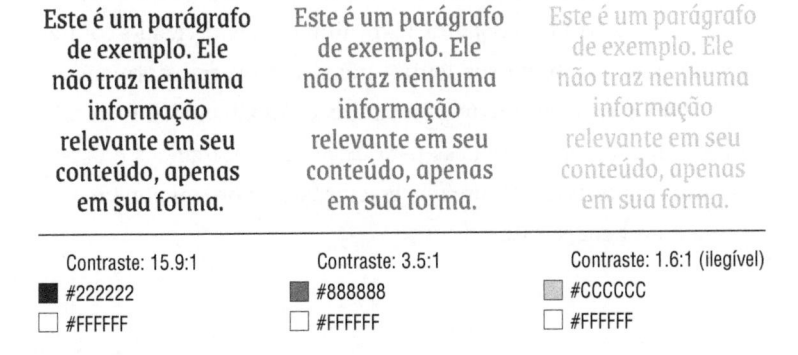

Este é um parágrafo de exemplo. Ele não traz nenhuma informação relevante em seu conteúdo, apenas em sua forma.	Este é um parágrafo de exemplo. Ele não traz nenhuma informação relevante em seu conteúdo, apenas em sua forma.	Este é um parágrafo de exemplo. Ele não traz nenhuma informação relevante em seu conteúdo, apenas em sua forma.
Contraste: 15.9:1 ■ #222222 ☐ #FFFFFF	Contraste: 3.5:1 ■ #888888 ☐ #FFFFFF	Contraste: 1.6:1 (ilegível) ☐ #CCCCCC ☐ #FFFFFF

Embora os padrões de contraste para *displays* digitais estejam bem estabelecidos, as condições da tipografia impressa pressupõem mais variáveis de acessibilidade.

O World Wide Web Consortium (W3C, 2018) recomenda uma razão de contraste tipográfico baseada na luminosidade da tela. Essa razão é expressa por uma notação numérica X:X, sendo um número referente ao valor de cor usado para as letras e o outro referente ao valor usado para a cor do fundo. A notação máxima vai até 21:1, sendo um contraste mínimo sugerido de 3.5:1 para garantir a legibilidade em textos com corpo a partir de 18 pontos. Em caso de textos menores, no entanto, esse contraste deve ficar entre 4,5:1 e 7:1[1].

Os requisitos tipográficos para acessibilidade diferem conforme o suporte – se impresso ou digital. Em geral, o guia elaborado por Bueno et al. (2022) recomenda que fontes sejam escolhidas considerando-se a presença de traços diferenciais entre os caracteres. Por exemplo: em muitas fontes, o "l" e o "I" são idênticos, o que pode dificultar a legibilidade. Além disso, fontes sem serifa com ascendentes e descendentes mais longos, aberturas maiores e altura de x também maior podem proporcionar uma melhor experiência de leitura para pessoas com baixa visão.

Demais diretrizes e *guidelines* para acessibilidade na *web* envolvem a marcação HTML. Um texto limpo e renderizado com as *tags* corretas possibilita sua leitura por *softwares*, transformando a linguagem escrita em linguagem auditiva. Atualmente, a marcação HTML inclui *tags* específicas para os níveis hierárquicos e papéis do texto no *site*. Isso permite que esses *softwares* proporcionem uma leitura mais bem estruturada.

---

[1] Para materiais impressos, o contraste vai depender do processo de impressão e do tipo de material no qual as letras serão impressas. Estudos tipográficos que buscam estabelecer notações de contraste específicas para materiais impressos ainda são incipientes.

Figura 6.11 – **Demonstração dos caracteres da fonte Dislexie**

Dyslexie Regular
ABCDEFGHIJKLMNOPQRSTUVWXYZ
abcdefghijklmnopqrstuvwxyz
1234567890

Os traços com maior peso na base dos caracteres ajudam o leitor disléxico a não embaralhar ou espelhar as letras.

Algumas fontes contemplam os desafios da acessibilidade por meio de sua estrutura formal. Em 2008, o designer holandês Christian Boer decidiu tentar solucionar seus problemas com a dislexia por meio do desenvolvimento de uma nova fonte cujos traços facilitassem a leitura. A dislexia é um distúrbio genético que dificulta o encadeamento de palavras e a transmissão das informações escritas mediante a leitura e a escrita (Tenório; Pinheiro, 2018). Em muitos casos, a pessoa disléxica não consegue diferenciar letras cujos traços sejam muito parecidos; ela as embaralha, inverte ou espelha, e o processo de leitura se compromete.

A fonte Dislexie[2] traz compensações visuais que exageram os traços próximos das linhas de base de cada letra. Com terminais alongados nos ascendentes, ela cria uma diferenciação sutil entre os caracteres voltada para a atenção dos disléxicos, que não mais os espelham nem os confundem na hora de processar as palavras visualmente.

[2] Disponível em: <https://www.dyslexiefont.com/>, por meio de licenças próprias para cada contexto de uso. Acesso em: 2 nov. 2022.

Figura 6.12 – **Caracteres da fonte Braille Neue**

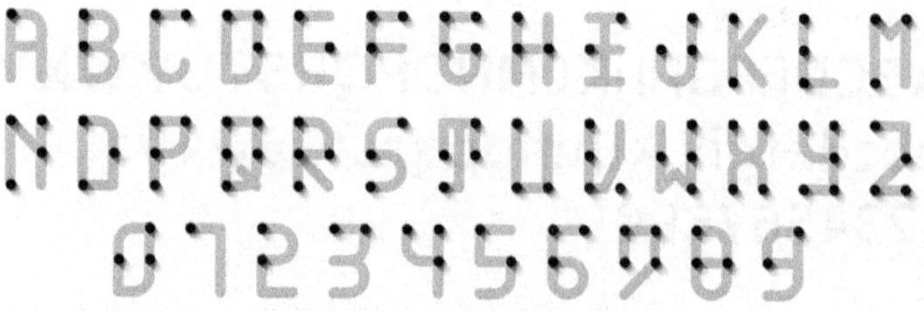

```
ABCDEFGHIJKLM
NOPQRSTUVWXYZ
0123456789
```

Alhovik/Shutterstock

Outro projeto tipográfico com ênfase na acessibilidade diz respeito ao da fonte Braille Neue. Desenvolvida pelo designer japonês Kosuke Takahashi em 2018, a fonte (ainda em desenvolvimento) é composta por caracteres formatados com traços que incluem a disposição dos elementos da linguagem braille[3]. Dessa forma, ela permite que tanto os textos para videntes quanto os para cegos ocupem o mesmo espaço.

Essa fonte, em específico, tensiona a definição de tipografia que elencamos para este livro no segundo capítulo: Como podemos continuar falando da tipografia como disciplina encarregada do projeto visual do texto se, pela integração ao braille (uma linguagem tátil), o projeto deixa de ser apenas visual?

6.6 Criando um tipo

Um dos mais complexos trabalhos com a tipografia é a criação de uma família tipográfica. Projetos dessa natureza costumam

---

[3] Disponível para visualização em: <http://brailleneue.com/>. Acesso em: 2 nov. 2022.

surgir em três ocasiões: a primeira (e cada vez mais rara) se refere à impossibilidade de encontrar um tipo ou estilo condizente com a identidade do projeto no qual o designer está trabalhando. Algumas vezes, apesar de todo o panorama de fontes disponíveis atualmente, é necessário incluir o desenvolvimento de novas letras para alguma finalidade específica.

O segundo caso é sob a demanda de alguma instituição, empresa ou iniciativa que precisa de uma tipografia própria. Tal solicitação é muito comum em editoras, portais de notícia ou até mesmo grandes identidades corporativas que fazem questão de desenvolver tipografias próprias.

O terceiro caso decorre da natureza experimental do projeto tipográfico. Por meio de uma nova fonte, é possível testar limites de legibilidade, transmitir mensagens ou afirmações políticas e também incorporar um estilo ou uma preferência estética com um conjunto de letras.

Nessa ótica, para tais projetos, as primeiras perguntas a serem respondidas são: Qual é o objetivo da nova fonte? Que conceito será empregado no desenho de seus caracteres? Na primeira etapa do projeto, é interessante testar traços, pesquisar referências e elencar alguns elementos e padrões desejáveis para o estilo tipográfico. Ainda, Cheng (2006) propõe que se delimite quais serão os meios de veiculação da fonte (se focada em materiais digitais ou impressos, por exemplo) e quantas línguas ela deverá englobar.

Buggy (2018) sugere que o tipógrafo liste alguns atributos que o ajudem a definir um "recorte" para a padronização das letras. Para ele, é necessário chegar a um conteúdo semântico do projeto tipográfico para, então, dar início ao desenho de seus componentes.

Esse conteúdo semântico diz respeito ao estilo, à personalidade e à identidade das letras. De início, cada glifo em uma face tipográfica pode ser desenhado manualmente, mas precisará ser convertido para uma imagem vetorial para ser implementado como fonte.

Cheng (2006) indica que o desenho de uma face tipográfica comece pelos **glifos-chave**: os símbolos que servem como ponto de partida do qual as demais formas de uma fonte serão derivadas. As letras minúsculas iniciais geralmente são "n", "e", "a" e "g". Buggy (2018) lista 12 caracteres que, se desenhados no início do projeto, já englobam os principais traços de uma fonte: "O", "H", "n", "o", "p", "h", "a", "e", "c", "j", "v" e "k". O autor recomenda usar o quadratim para criar um *grid* e esboçar todas as letras a partir dele, pois assim também se torna possível controlar o mesmo tamanho para as linhas de apoio dos caracteres. Cheng (2006) ainda aponta formas básicas para as letras maiúsculas: circulares, quadradas, triangulares e compostas. Nas minúsculas, as formas básicas são redondas, quadradas, diagonais e compostas.

Figura 6.13 – **Esquema de derivação dos traços das letras da fonte Futura (book)**

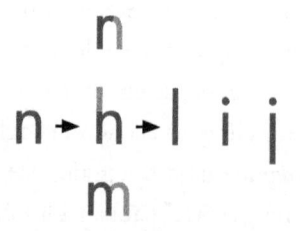

n
n ▸ h ▸ l i j
m

A partir do "n", é possível traçar o ascendente e criar o "h", além de aproveitar esse mesmo traço para letras como "l", "i" e "j". O "r" é um ajuste a partir de um corte no ombro do "n", e o "m" é uma duplicação desse ombro.

Conforme os caracteres vão sendo desenhados, faz-se necessário atentar para a correlação entre suas formas. A esse respeito, Buggy (2018) lista os principais itens responsáveis pela adequação dos caracteres: manter uma mesma espessura para os traços; padronizar espaços internos e intervalos; repetir os mesmos traços para o desenho das linhas de conexão; replicar terminais; manter a proporção entre altura e largura nos caracteres; e empregar figuras geométricas como base para os desenhos. O "n" também pode ser usado como medida inicial para estabelecer as proporções entre os caracteres minúsculos. Para os maiúsculos, o cálculo é um pouco mais complexo, mas pode ser feito a partir de observações do quadratim.

Com a forma geral das letras estabelecidas, o design dos tipos emprega uma série de compensações visuais a fim de tornar a leitura mais agradável e de tornar o reconhecimento das letras mais natural. Nas letras maiúsculas, as extremidades superiores e inferiores que são pontudas ou curvas demandam compensação, ultrapassando os limites das linhas-guia (Buggy, 2018). As maiúsculas também requerem compensação no centro óptico, fazendo com que barras sejam posicionadas mais acima de seu centro geométrico.

A relação entre os traços igualmente deve ser compensada. Traços curvos devem ser mais grossos, e barras costumam ser mais finas. Junções entre os traços também são compensadas opticamente. Buggy (2018) comenta que, de modo geral, o olho "retifica" traços e, portanto, tende a compensar visualmente as letras e jogar peso para o centro de gravidade de cada uma.

Figura 6.14 – **Compensações em caracteres maiúsculos da fonte Akzidenz Grotesk**

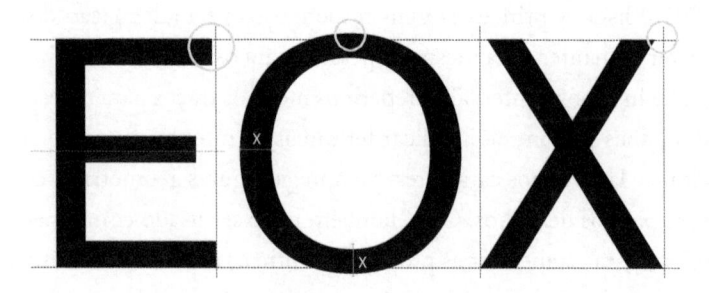

O "E" tem a barra do meio um pouco mais acima que o centro geométrico da letra. A barra superior é ligeiramente mais curta que a barra inferior. Da mesma forma, os traços do "X" são mais estreitos na parte superior da letra que na inferior, e o "O" sofre uma ligeira modulação no traço em suas extremidades superiores e inferiores.

Após o desenho das letras, a implementação da fonte demanda ajustes de espaçamento entre os caracteres. O espaço em branco entre cada letra não é necessariamente padronizado, mas proporcional. Diferentes caracteres requerem compensações para o tamanho de seus espaços internos e terminais. Buggy (2018) sugere uma lógica para o espaçamento dos primeiros caracteres a partir da letra "n": visualmente, cada "n" deve ser percebido como tal, sem ter seus traços "conectados" aos demais. Então, o primeiro passo é posicionar cinco "ns", um ao lado do outro, e testar o espaçamento. Em seguida, deve-se aplicar a mesma lógica à letra "o" até obter seis medidas: lado esquerdo do "n", lado direito do "n", lado esquerdo ligeiramente maior do "n" (*sidebearing*), espaço mínimo, lados do "o" e espaço ligeiramente menor que os lados do "o". Para os caracteres maiúsculos, o autor aponta que a mesma lógica pode ser usada com base nas letras "H" e "O".

Se o projeto incluir a adaptação da fonte para variações como *thin*, *bold* e *extra bold*, Buggy (2018) recomenda uma primeira delimitação da porcentagem da grossura do traço entre os caracteres. Isso pode ser feito a partir da fonte principal, testando-se as variações em termos de legibilidade e consistência. No exemplo presente no livro de Buggy (2018), indica-se que a fonte Univers tem a espessura da letra "I" equivalente a 13% de sua altura para o estilo regular, variando até 40% no estilo *extra black*.

Figura 6.15 – **Visão geral de um processo de desenvolvimento de fonte, baseado principalmente em Cheng (2006) e Buggy (2018)**

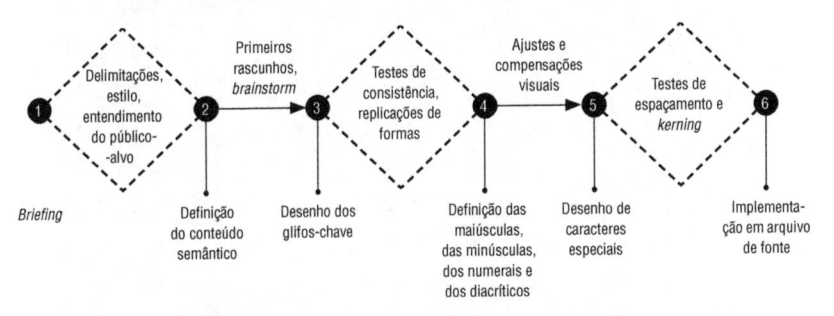

1	2	3	4	5	6
Delimitações, estilo, entendimento do público-alvo	Primeiros rascunhos, *brainstorm*	Testes de consistência, replicações de formas	Ajustes e compensações visuais		Testes de espaçamento e *kerning*
Briefing	Definição do conteúdo semântico	Desenho dos glifos-chave	Definição das maiúsculas, das minúsculas, dos numerais e dos diacríticos	Desenho de caracteres especiais	Implementação em arquivo de fonte

Este processo dificilmente é linear: etapas de revisão pressupõem iterações e redesenhos de caracteres. Testes incluem a visualização dos caracteres em tela e impressos, para reduzir os vieses de compensação do olhar em diferentes distâncias e suportes.

De modo bastante genérico, o processo de desenvolvimento de uma nova fonte segue os passos ilustrados na Figura 6.15, mas poderá passar por variações se o projeto incluir requisitos como questões de acessibilidade, design da informação ou elementos vernaculares na composição dos caracteres[4]. Para apresentar uma fonte, é interessante criar um painel de exposição dos caracteres, com a composição de palavras e a demonstração da forma como as caixas-altas se comportam com as caixas-baixas, além da identificação de numerais, acentuação e variações de peso e estilo, se houver.

4 Embora aqui o projeto de desenvolvimento de uma fonte seja descrito de forma resumida, cabe a recomendação para que se consulte o manual elaborado por Buggy (2018): *O MECOTipo: método de ensino de desenho coletivo de caracteres tipográficos*. Além de ser um detalhado modelo de desenvolvimento tipográfico, o livro apresenta uma interessante proposta metodológica para o ensino de tipografia em sala de aula.

Figura 6.16 – **Folheto de apresentação da fonte Caslon original (de 1734) para catálogos tipográficos**

Antes da facilidade permitida pela tipografia digital, era necessário que os catálogos apresentassem os caracteres em sua totalidade, incluindo diferentes tamanhos, como prova da versatilidade da fonte.

6.7 Formatos de arquivos de fonte

Para finalizar este capítulo, é preciso abordar os principais tipos de arquivos digitais de fontes usados atualmente. Tais arquivos contêm as características próprias dos caracteres desenhados e levam alguns metadados, ou seja, informações sobre autoria, data de criação, detalhes métricos, entre outros aspectos.

- **TrueType (.ttf)**: arquivos TrueType são os formatos de fonte padrão adotados pelos dois mais populares fabricantes de sistemas operacionais de computadores: Microsoft e Apple. O propósito inicial desse tipo de arquivo era gerar uma visualização das letras antes de convertê-las para o formato PostScript, utilizado como configuração de impressão. Para isso, esse formato de arquivo usa o padrão Unicode para catalogar seus caracteres, um sistema que engloba diferentes escritas de todo o mundo. Fontes em formato TrueType não sofreram nenhum tipo de compressão e, por isso, resultam em arquivos mais pesados, exigindo um arquivo diferente para cada variação da família.
- **OpenType (.otf)**: o formato OpenType foi desenvolvido pela Adobe como uma tentativa de otimizar o TrueType. Fontes nesse formato podem incluir variações como versaletes, ligaturas específicas e desenhos mais simplificados nos vetores dos caracteres, o que pode gerar arquivos menos pesados. Fontes OpenType são multiplataforma e tendem a se comportar bem, além de não apresentarem problemas de instalação em quaisquer dispositivos. Atualmente, elas incluem tecnologias que permitem instalar fontes variáveis, isto é, arquivos de fontes que contêm variações

de peso incorporadas aos códigos de cada caractere, comumente representados numericamente: de 100 para valores mais leves, como *light* ou *thin*, até 900 para mais pesados, como *extra bold* ou *heavy*. Essa sistematização pode conflitar com os parâmetros numéricos que vimos no terceiro capítulo, mas é importante estar preparado para lidar com ambos em diferentes situações.

- **Web Open Font Format (.woff)**: com a popularização do protocolo HTML5 para desenvolvimento *web*, ficou muito mais simples incorporar fontes em *sites* e usar diferentes estratégias tipográficas para criar *layouts* diversificados. O formato Web Open consiste em um arquivo OpenType ou TrueType acrescido de metadados de espaçamento, entrelinha e compressão que deixam a fonte mais leve e adequada para ser manipulada por navegadores de internet. Variações de arquivos .woff tendem a ser desenvolvidas para aumentar ainda mais essa compressão.

SÍNTESE

As atividades tipográficas estão presentes de inúmeras formas em cada tipo de projeto de design. Existem vários critérios para a escolha de fontes, e a área do design da informação (DI) oferece parâmetros de aplicação para os princípios tipográficos. Ferramentas como o *grid* e os princípios de acessibilidade são fatores que ajudam a nortear projetos. Entretanto, a tipografia vernacular é uma importante fonte de referências e um vasto campo de descobertas tipográficas.

QUESTÕES PARA REVISÃO

1. Como podemos agrupar os fatores que influenciam a escolha de uma fonte? Cite ao menos dois exemplos de cada um.
2. O que caracteriza o design da informação (DI) e qual é sua relação com a tipografia?
3. Observe a Figura A. Trata-se de uma placa com um sinal de proibição e a frase "Proibido fazer barulho" localizada logo abaixo do símbolo. De acordo com os estudos de semiologia de Barthes, é possível dizer que esses dois elementos (texto e imagem) têm uma relação de:

Figura A – **Placa de proibição**

a. suplemento.
b. legibilidade.
c. eficiência.
d. ancoragem.
e. hierarquia.

4. O *grid* tipográfico pode ser simplesmente definido como um esquema de divisão do espaço em unidades regulares. Assinale a alternativa que apresenta alguns elementos compositivos do *grid*:
   a. Margens, guias verticais, guias horizontais e módulos.
   b. Guias verticais, guias horizontais, linha de fundo e linha de ascendentes.
   c. Margens, linhas, colunas e mancha tipográfica.
   d. Guias verticais, módulos, medianiz e linha de versal.
   e. Margens, espaçamentos, linhas de fundo e linhas órfãs.

5. A acessibilidade é um fator que pode influenciar as decisões tipográficas. Assinale a alternativa que apresenta requisitos que podem ajudar a tornar uma tipografia mais acessível:
   a. Tamanho da letra, cor e uso de fontes manuscritas.
   b. Contraste, tamanho da letra e traços diferenciais entre caracteres.
   c. Contraste, entrelinha e relações de complementação.
   d. Traços diferenciais entre caracteres, compensações visuais e ritmo.
   e. Tamanho da letra, uso de fontes com serifa e entrelinha dupla.

QUESTÕES PARA REFLEXÃO

1. Embora a abordagem do design da informação (DI) nos ajude a compreender o papel informacional do texto, ela não necessariamente precisa ser o único ponto de partida para tratar da tipografia em projetos de design. Que outros recursos ou estratégias nos ajudam a compreender a tarefa do texto na comunicação?

2. Além dos passos recomendados para criar letras, muitos autores sugerem a ferramenta do *grid* para derivar os traços dos caracteres. Você já trabalhou em uma criação de face tipográfica? Como o *grid* pode auxiliar nesse processo?

LiliGraphie/Shutterstock

Capítulo 7

O UNIVERSO DA TIPOGRAFIA

CONTEÚDOS DO CAPÍTULO
- Formas de aplicar os princípios da tipografia em projetos de design.
- Construção de ferramentas de análise tipográfica.
- Leituras e referências para se aprofundar no tema.

APÓS O ESTUDO DESTE CAPÍTULO, VOCÊ SERÁ CAPAZ DE:
- aplicar ou elaborar projetos de tipografia e exercícios de construção de letras;
- reconhecer novas referências e aprofundar seus estudos sobre tipografia.

7.1 Lista de exercícios tipográficos sugeridos

Agora que já detalhamos os conceitos, as categorias e os discursos da tipografia, está na hora de colocá-los em prática. Como designer gráfico(a), você terá muitas chances de testar os mais variados tipos de letras e encontrar fontes para diversas ocasiões diferentes. Por essa razão, encare os exercícios a seguir como propostas para compreender a lógica da tipografia, por meio de desafios e problemas que o(a) farão sair da zona de conforto e considerar elementos fora de sua linguagem comum.

Os principais pontos de partida para o raciocínio tipográfico estão apresentados a seguir.

Interrobang

Figura 7.1 – **Tentativas de criar um *interrobang***

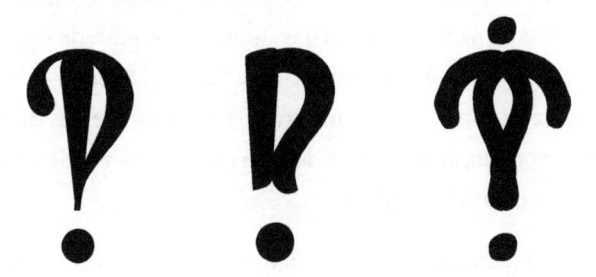

Começar o desenho das letras por caracteres conhecidos não é tão desafiador. Como comentamos no primeiro capítulo deste livro, o simples fato de estarmos inseridos em nossa cultura ocidental já nos deixa preparados para imaginar uma letra "a" ou um "M" maiúsculo.

Mas o que acontece quando precisamos criar um símbolo para um novo som ou sinal gráfico?

No século III a.C., o bibliotecário grego Aristófanes criou um sistema de pontuação que marcava os trechos curtos de texto com um ponto centralizado chamado *comma* e os trechos mais longos com um ponto na linha de base denominado *colon*. Um terceiro ponto, mais alto, separava os períodos mais longos. Com o tempo, os manuscritos medievais foram introduzindo outros sinais, como a vírgula e o ponto de interrogação, para indicar um tom de voz diferente (Lupton; Miller, 2011a).

Em 1962, o publicitário norte-americano Martin K. Speckter chegou à conclusão de que era necessário criar um novo tipo de sinal gráfico para o alfabeto latino. Ele sentia falta de algum sinal que indicasse a ironia, isto é, a figura de linguagem que faz o sentido do texto ser o oposto do que está sendo escrito. Speckter, então editor da revista tipográfica *TYPETalks*, notou que muitos anúncios publicitários tinham chamadas que usavam os pontos de exclamação e interrogação ao mesmo tempo ("Que tal esse chapéu?!"). Segundo ele, isso era um sinal de que um meio-termo entre esses dois sinais deveria ser criado, uma mistura de interrogação com exclamação: um *interrobang* (Houston, 2013).

- **Exercício**: criar um caractere para o *interrobang*. O desenho pode ser feito à mão ou já ser vetorizado. A ideia é comparar diferentes desenhos para entender as estratégias de criação tipográfica. É possível partir da mescla dos dois sinais de pontuação (? + !) ou tentar criar uma forma totalmente inovadora. Também se pode fazer o mesmo exercício com sinais gráficos como o "&", que é o resultado da união entre um "E" maiúsculo e um "t" minúsculo.

Criando uma fonte *dingbat*

Esta interessante proposta de projeto foi apresentada pela professora Luiza Falcão Cunha (2019) no 9º Congresso de Design da Informação, em Belo Horizonte. Segundo ela, o projeto de desenvolvimento de uma fonte *dingbat*, isto é, formada por caracteres não textuais, pode representar menos complexidade para alunos que estejam iniciando seus trabalhos tipográficos.

Figura 7.2 – **Glifos maiúsculos da fonte Rocaille, projetada por Andressa Kaynara da Costa Figueiredo, Gabriela Mameri Tinoco, Clara Wanderley Oliveira de Albuquerque e David Araújo da Costa em 2018**

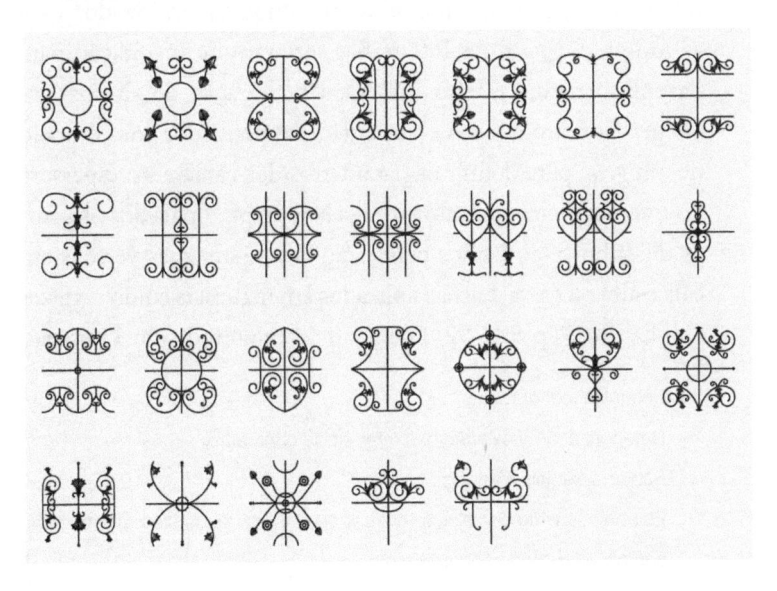

Os caracteres ornamentais sempre estiveram presentes em catálogos tipográficos e nos conjuntos de tipos das fontes metálicas. Tais símbolos costumam aparecer em aberturas de capítulos, folhas de rosto de textos ou como glifos de indicação de parágrafos, *bullets*, encerramentos de parágrafos e demais situações de diagramação.

Embora muitos desses símbolos tenham sido incorporados ao conjunto de caracteres das famílias tipográficas, existem fontes compostas somente por *dingbats*, que ocupam os "espaços" de seu código no lugar nas letras.

- **Exercício**: no projeto conduzido por Cunha (2019), os alunos fotografaram os gradis da cidade, buscando padrões e ornamentos que pudessem ser desdobrados em símbolos vetorizados para as fontes *dingbats*. As fotografias serviram de inspiração para desenhos manuais, feitos na etapa de geração de alternativas. Os gradis reproduzidos eram então redesenhados com o apoio de um *grid*, para definir os parâmetros dos caracteres: espessura do traço, aspecto, contraforma etc. Nas etapas finais dos projetos, os desenhos vetorizados eram adaptados para suas versões em caixa-alta ou caixa-baixa e aplicados em materiais como cartazes. Cunha (2019, p. 923-924) define o processo todo em 11 etapas:

    1. Pesquisa iconográfica;
    2. Categorização e seleção das referências concretas;
    3. Esboços iniciais manuais;
    4. Estabelecimento da relação entre a espessura das hastes, a proporção vertical e a proporção horizontal;
    5. Definição da regra de funcionamento da caixa-alta e da caixa-baixa da fonte;

6. Desenhos manuais de alguns caracteres;
7. Criação de um grid digital em um software de desenho vetorial;
8. Desenho digital de todos os caracteres dentro dos parâmetros definidos anteriormente em um software de desenho vetorial;
9. Transposição para o software de geração de fontes;
10. Definição [do] espacejamento lateral;
11. Geração do arquivo fonte.

Esse tipo de projeto pode ser feito com diferentes temáticas, ou seja, os alunos podem ficar livres para projetar caracteres sem as amarras dos arquétipos das letras.

Figura 7.3 – **Esquema de construção de caracteres combinados com o uso das maiúsculas e minúsculas da fonte Rocaille, projetada por Andressa Kaynara da Costa Figueiredo, Gabriela Mameri Tinoco, Clara Wanderley Oliveira de Albuquerque e David Araújo da Costa em 2018**

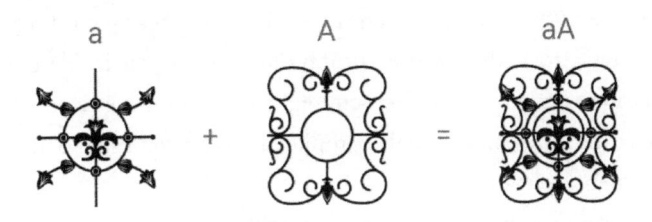

Além disso, existem exercícios que nos ajudam a compreender o funcionamento do texto no projeto e em sua implementação. As duas atividades recém-mencionadas são formas de problematizar a materialização da fala por meio da escrita.

Fontes carimbadas

Este exercício proposto por Fontoura e Fukushima (2012) emula alguns efeitos da impressão tipográfica. A partir da seleção de algumas fontes para imprimir (em um tamanho que fique maior ou igual a 4 cm), os alunos recortam suas formas em uma folha de EVA ou de outro material que possa servir como matriz para tinta (carimbo, guache ou até mesmo café).

Acoplando-se a letra recortada a um suporte, vários experimentos podem ser feitos: carimbar com excesso de tinta, deslizar o carimbo para criar novas formas, usar diferentes papéis ou papel molhado etc. Lembre-se de que a letra deve estar espelhada e, dependendo da quantidade de participantes, é possível combinar diferentes fontes para criar *letterings* experimentais.

Modelo de análise tipográfico

Todo design é, na verdade, um redesign. Vários *briefings* de projetos de design se baseiam em materiais que precisam ser refeitos, em novas versões de textos ou em adaptações de peças para diferentes suportes e formatos. Entretanto, traduzir as exigências de clientes, usuários e demais *stakeholders* em requisitos e diretrizes é uma tarefa que acaba sendo muito mais complicada ao ser feita sem o apoio de ferramentas de análise.

Com base nas informações apresentadas neste livro, é possível montar um modelo para analisar o projeto de texto em materiais e parametrizá-lo conforme suas características. A sugestão é criar uma "ficha" de avaliação que descreve o material e permite ao designer reimaginá-lo, ajustando esses parâmetros.

Figura 7.4 – **Cartaz tipográfico com ficha de análise sugerida com base nos conteúdos abordados neste livro**

Ficha de análise

Tipo de material: cartaz (impresso)

Fontes em uso:

Anton (lineal grotesca)

Linux Libertine (romana renascentista)

Grid ou estrutura:

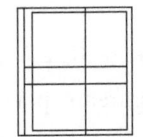

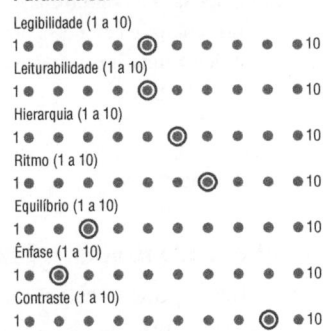

Parâmetros:

Legibilidade (1 a 10)
1● ● ● ● ● ◉ ● ● ● ● ●10

Leiturabilidade (1 a 10)
1● ● ● ● ● ◉ ● ● ● ● ●10

Hierarquia (1 a 10)
1● ● ● ● ● ● ● ◉ ● ● ●10

Ritmo (1 a 10)
1● ● ● ● ● ● ● ◉ ● ● ●10

Equilíbrio (1 a 10)
1● ● ● ◉ ● ● ● ● ● ● ●10

Ênfase (1 a 10)
1● ◉ ● ● ● ● ● ● ● ● ●10

Contraste (1 a 10)
1● ● ● ● ● ● ● ● ● ◉ ●10

7.2 Checklist tipográfico

Este breve *checklist* para designers gráficos prevê alguns problemas comuns e erros no projeto tipográfico. Use-o para evitar os famosos "pecados" da diagramação.

- **Evite as linhas órfãs e viúvas**: é possível que sua coluna de texto se encerre com uma palavra que, visualmente, desequilibra a mancha tipográfica. Pode ser uma única palavra de três letras, por exemplo, que fica "pendurada" abaixo do texto. Essa linha órfã poderá acabar se tornando uma linha viúva se, ainda por cima, estiver isolada, continuando o mesmo parágrafo em outra página. Nesses casos, recomenda-se apertar o espaçamento para absorver a linha no parágrafo ou espaçar as palavras anteriores para preencher essa linha um pouco mais (Figura 7.5).

Figura 7.5 – **Exemplo de linha órfã e ajuste sugerido**

Esse é um parágrafo de exemplo. Ele não traz nenhuma informação relevante em seu conteúdo, apenas em sua forma. A ideia é visualizar como se comporta um parágrafo que deixa uma linha órfã no fim.	Esse é um parágrafo de exemplo. Ele não traz nenhuma informação relevante em seu conteúdo, apenas em sua forma. A ideia é visualizar como se comporta um parágrafo que deixa uma linha órfã no fim.
Alinhamento justificado, sem correção de espaçamento.	Alinhamento justificado, com espaçamento -10.

- **Confira a hifenização**: *softwares* de diagramação e processamento de texto podem estar configurados para idiomas diferentes, criando uma hifenização bizarra. Verifique se as linhas não estão quebrando em muitos hífens e use as ferramentas de espaçamento para corrigir isso.

- **Cuidado com a justificação**: parágrafos justificados podem acabar apertando muito o texto ou criando muito espaço na entrepalavra, o que forma os chamados "rios visuais": grandes espaços em branco dentro da coluna de texto. Recorra às ferramentas de espaçamento entre caracteres para definir os limites máximos e mínimos, conferindo mais homogeneidade à mancha tipográfica.
- **Não destrua sua fonte à toa**: a experimentação tipográfica é interessante e, muitas vezes, consiste em uma etapa no processo de projetos que envolvem texto, como os de identidades visuais e logotipos; porém, lembre-se de que as fontes são projetadas com traços proporcionais que mantêm uma identidade e coesão visual entre os caracteres. Em vez de achatar ou espichar as letras, procure por fontes que satisfaçam suas necessidades de design.
- **Calcule a entrelinha**: geralmente, o cálculo da entrelinha obedece a uma proporção a partir do corpo da fonte. Em um texto de corpo de 10 pontos, a entrelinha obedece a proporções que vão de 120% a 135%. Em corpos maiores, tal proporção tende a aumentar. Tenha em mente que a entrelinha precisa ser suficiente para não "mesclar" as descendentes de uma linha com as ascententes da linha de baixo. Contudo, ela também não pode ser grande a ponto de a leitura ficar confusa, fazendo os olhos "entenderem" que uma linha não é a continuação de outra. Por isso, ajustar a entrelinha ao *grid* garante que documentos que comportem fontes em tamanhos diferentes mantenham um padrão visual.
- **Use pontuação suspensa**: ao empregar caracteres mais espaçados como o "W" ou ao abrir parágrafos com aspas, é possível perceber algumas falhas de alinhamento na margem esquerda. Para corrigir esse problema, a tipografia geralmente emprega o que

chamamos de *pontuação suspensa* (*hanging punctuation*) para jogar esses caracteres mais à esquerda, quebrando a caixa de texto, mas gerando uma compensação visual maior.

7.3 Para conhecer mais referências

Livros

Várias referências bibliográficas foram usadas para compor o conteúdo deste livro. Algo peculiar observado em todas se refere ao quão divertido e cheio de ricos detalhes é o universo da tipografia. São referências que sempre trazem exemplos bem-humorados, discussões acaloradas e imagens instigantes. Será que todo mundo que escreve sobre tipografia é bem-humorado ou todas as pessoas bem-humoradas têm vontade de escrever sobre tipografia?

- *Elementos do estilo tipográfico* **(Robert Bringhurst, 2005)**: se um dia você precisar visitar um nutricionista, terá de revelar alguns hábitos infelizes de consumo. Talvez seja uma propensão a comer muitos doces altamente calóricos ou um gosto compreensível por batata frita, algo que infelizmente carrega grandes quantidades de gordura saturada. Então você passará os próximos minutos da consulta ouvindo recomendações e advertências do médico, que só quer que você se alimente bem e cuide de sua saúde.
O livro de Bringhurst propõe uma experiência de leitura parecida. Altamente prescritivo, o autor cria uma narrativa brilhante, com muitas recomendações para a composição do texto e inúmeros exemplos comentados de suas fontes e de seus estilos favoritos.

É uma obra essencial para compreender a complexidade da tipografia e as disputas históricas entre as diferentes abordagens, além de ser uma das principais referências da área até os dias atuais (e um dos meus livros de design gráfico preferidos).

- ***Pensar com tipos* (Ellen Lupton, 2006)**: a escrita de Lupton é sempre um notável equilíbrio entre conteúdo técnico/científico e proposições e comentários acessíveis ao público leigo. *Pensar com tipos* é um excelente ponto de partida para o mundo da tipografia. O livro é organizado em uma estrutura lógica que parte da letra e de suas formas básicas, passa pelo texto e por suas ferramentas de composição e termina no *grid*, sempre ilustrando com exemplos atuais e materiais muito bem selecionados. Algo que aprendi com Ellen Lupton é sempre tentar trazer um pouco de crítica e contexto histórico para as decisões de design que tomo no dia a dia.
- ***Designing Type* (Karen Cheng, 2005)**: talvez a referência mais recorrente entre designers de fontes, esse livro de Karen Cheng é um dos mais completos manuais para o desenho das letras. Contém uma revisão detalhada dos traços de cada caractere do alfabeto latino e uma visão geral bastante completa do processo, do *briefing* à operação dos *softwares* tipográficos.
- ***In Progress* (Jessica Hische, 2015)**: trata-se de uma referência obrigatória para os amantes do *lettering*, a arte da combinação tipográfica para transformar frases em verdadeiras ilustrações. Nesse livro, a autora percorre todo o seu processo de criação, dos primeiros esboços à finalização digital. As diversas imagens que ilustram o processo são valiosas lições de controle de curvas, geração de ideias tipográficas e arte-finalização.

- ***O MECOTipo* (Leonardo Buggy, 2018)**: a proposta metodológica de Buggy acompanha um aprofundado tratado sobre o desenho das letras e comentários bem-humorados sobre a profissão da tipografia, sob o ponto de vista de um professor de longa data. Em sua terceira edição, o livro conta com propostas sempre atualizadas e uma abordagem detalhada para a criação de fontes. É um excelente material para consulta e elaboração de planejamentos pedagógicos.
- ***Vade-mécum* de *tipografia* (Antônio Fontoura e Naotake Fukushima, 2012)**: essa reedição do livro de Fontoura e Fukushima, originalmente publicado em 2000, é uma obra introdutória ao ofício tipográfico, servindo praticamente como um dicionário de termos e convenções. Ainda que breve, trata-se de um abrangente compêndio de referências e dicas tipográficas facilmente navegável, além de ser uma ferramenta útil para estudantes e profissionais da área.
- ***The Education of a Typographer* (Steven Heller, 2004)**: poucos nomes do design gráfico se difundiram tanto, em nível mundial, quanto o de Steven Heller. O designer e crítico novaiorquino tem uma extensa bibliografia, em que figura majoritariamente como organizador e compilador de artigos e ensaios em volumes temáticos. Nesse livro dedicado à tipografia, Heller convida escritores a publicar ensaios e artigos voltados aos desafios, aos conceitos-chave, às críticas e às aplicações profissionais relacionados à área. Vários textos apresentam sugestões de exercícios, estudos de caso e abordagens históricas sobre a formação da profissão.

- *Inimigas naturais dos livros* (**Maryam Fanni, Matilda Floodmark e Sara Kaaman, 2022**): lançada no Brasil após uma iniciativa do Clube do Livro do Design (liderado por Tereza Bettinardi), essa obra é uma coletânea de textos e depoimentos escritos por mulheres tipógrafas que oferecem um contraponto à história hegemônica da disciplina. Durante muito tempo, as guildas de tipógrafos se mantiveram restritas à participação masculina, e as mulheres precisaram criar recursos para montar as próprias oficinas e, muitas vezes, empregar a tipografia como uma ferramenta de resistência e disseminação de políticas igualitárias. O livro é uma valiosa contribuição para entender a participação feminina no universo tipográfico que conhecemos hoje.

Filmes e séries
- *Helvetica* (**Gary Hustwit, 2007**): trata-se de um extenso documentário independente sobre a fonte Helvetica, que retrata o contexto de seu desenvolvimento, suas aplicações notáveis e sua grande popularidade, bem como a problemática envolvida na disseminação do Estilo Internacional. O filme também mostra como a tipografia afeta nosso dia a dia, embora nem sempre percebamos isso (propositalmente ou não).
- *Linotype: The Film* (**Doug Wilson, 2012**): essa produção é um divertido documentário sobre a história do invento que revolucionou a tipografia: a máquina de linotipia de Ottmar Mergenthaler. O filme revela como esse desenvolvimento afetou a indústria dos materiais impressos, como livros e periódicos, mas também contrasta essa era com o cenário atual da tipografia, que não faz mais uso dessas máquinas.

- **Abstract: *The Art of Design* (Netflix, 2017)**: essa série originalmente produzida pela Netflix convida, a cada episódio, um profissional famoso do ramo do design ou da arquitetura para uma entrevista (e também faz um *showcase* de seu portfólio). O episódio sobre o tipógrafo Jonathan Hoefler traz interessantes debates sobre o processo de design de fontes.
- ***Design gráfico brasileiro* (Aiuê Produtora, 2015)**: com oito episódios, cada um abordando uma temática do design gráfico, a produção de Fernanda Heinz Figueiredo, Jorge Saad Jafet e André Saad Jafet apresenta diversas entrevistas com profissionais e pesquisadores do design nacional. Há um episódio próprio sobre a história da tipografia no Brasil[1].

7.4 Para se aprofundar na tipografia brasileira

A seguir, estão elencadas algumas iniciativas nacionais para o estudo, a produção e a divulgação de atividades tipográficas.

- *Tupigrafia*: fundada pelo designer Claudio Rocha e pelo artista Tony de Marco em 2000, *Tupigrafia* foi uma das primeiras publicações totalmente voltadas para a divulgação da memória tipográfica brasileira. Recentemente, foi realizada uma campanha para o lançamento de uma coletânea de 20 anos. É possível acessar seu acervo pelo *site* <www.tupigrafia.com.br>. Claudio Rocha, juntamente com o tipógrafo Marcos Mello, é também o

---

[1] Recentemente disponibilizado pelo Vimeo On Demand, acessado pelo *site* da produtora Aiuê. Disponível em: <https://www.aiue.com.br/>. Acesso em: 2 nov. 2022.

responsável pela Oficina Tipográfica de São Paulo (OTSP), que desde sua fundação, em 2000, realiza *workshops* e projetos educacionais sobre tipografia, design gráfico, métodos de impressão e desenho de letras.

- **Sociedade Brasileira de Design da Informação (SBDI)**: fundada em 2002, em Recife, a SBDI fomenta o estudo do design da informação (DI) por meio de eventos como o Congresso Internacional de Design da Informação (Cidi) e de seu periódico acadêmico *Infodesign*. O universo do DI sempre traz estudos e projetos relacionados à tipografia, uma disciplina fundamental da área. O projeto Tipografia Paulistana[2], conduzido pela professora Priscila Lena Farias, é um exemplo de resgate histórico da tipografia brasileira. Para conhecer a SBDI, basta acessar o *site* oficial: <www.sbdi.org.br>.
- **DiaTipo e Tipos Latinos**: dois grandes eventos tipográficos servem como uma ponte entre profissionais da área, estudantes, pesquisadores e admiradores do desenho das letras. O DiaTipo é considerado o principal encontro brasileiro voltado à tipografia. Mais informações podem ser encontradas em: <www.diatipo.com.br/x/>. Já o Tipos Latinos é um espaço dedicado a promover a tipografia desenvolvida na América Latina. Informações sobre edições do evento estão disponíveis em: <www.tiposlatinos.com/br>.
- **Tipocracia**: o projeto educacional de Henrique Nardi começou em 2003 com a promoção de cursos e a disseminação da prática profissional do desenho de letras e do desenvolvimento de fontes.

---

2   Detalhes e publicações do projeto podem ser conferidos em: <http://labvisual.fau.usp.br/tipografiapaulistana/>. Acesso em: 2 nov. 2022.

A rede de profissionais e pesquisadores formada ao longo desse tempo constitui uma rica fonte de informações e novidades sobre os avanços da tipografia brasileira.

- **Podcast Tipo Entreletras e canal DiaCrítico**: as iniciativas do pesquisador e tipógrafo paulista Diego Maldonado consistem em notáveis formas de divulgação tipográfica e registro de entrevistas com profissionais da área. O *podcast* está disponível no Spotify e em outras plataformas de *streaming*, ao passo que o canal DiaCrítico é uma parceria com o designer Érico Lebedenco, e seus vídeos estão disponibilizados na plataforma YouTube.
- **Fundições tipográficas brasileiras**: é curioso como o termo *fundição* sobreviveu ao tempo. Ele designa as casas de fundição de metal que fabricavam e vendiam tipos metálicos, os quais foram, por muito tempo, o principal método de reprodução de fontes. Hoje, a maioria das fundições trabalha principalmente com tipos digitais. No Brasil, existem as fundições independentes, como a Harbor Type (<www.harbortype.com>), criada por Henrique Beier em 2014, e a dooType (<www.home.dootype.com>), criada por Eduilson Coan em 2008. A PintassilgoPrints (<www.pintassilgoprints.com>), de Erica Jung e Ricardo Marcin, apresenta um amplo catálogo com várias e expressivas fontes desde 2009. Já o Typefolio, de Marconi Lima, e a fundição Blackletra (<www.blackletra.com>), de Daniel Sabino, também são nomes proeminentes da indústria tipográfica nacional. Existem, ainda, iniciativas como a Tipos do aCASO, de Recife, que abrigam várias expressões tipográficas.

SÍNTESE

Neste capítulo, vimos diferentes maneiras de aplicar a tipografia em projetos e de avaliar seu uso de maneira objetiva. Além disso, é possível fazer um *checklist* tipográfico para ter certeza de que não está sendo cometido nenhum "pecado" contra o texto. Por fim, várias referências foram indicadas para que você possa se aprofundar no assunto: livros, filmes, séries e iniciativas brasileiras convidam novos tipógrafos a contribuir com esta sempre surpreendente disciplina do design.

QUESTÕES PARA REVISÃO

1. O modelo de análise tipográfica indica algumas variáveis que podem ser "ajustadas" em um material gráfico para alterar a forma como a mensagem é transmitida. Quais são as variáveis usadas?

2. Duas atividades tipográficas propostas são a criação de um novo caractere (*interrobang*) e a criação de uma fonte com *dingbats*. O que elas têm em comum?

3. Quando estamos diagramando um texto, é possível que a linha final de um parágrafo acabe sendo direcionada para a página seguinte, ficando isolada do resto da mancha tipográfica. Como se chama esse problema?

    a. Linha de versal.
    b. Resto de texto.
    c. Linha viúva.
    d. Linha órfã.
    e. Excesso de mancha.

4. Para conferir maior ritmo e leiturabilidade a um texto, é sempre interessante observar se a entrelinha não está nem muito apertada nem muito grande, criando espaços excessivos entre as linhas. Que proporção entre corpo de texto e entrelinha é recomendada?

   a. Entre 90% e 110%.
   b. Entre 100% e 150%.
   c. Entre 120% e 135%.
   d. Qualquer valor acima de 100%.
   e. Qualquer valor abaixo de 200%.

5. Ao abrir um parágrafo com aspas, os processadores de texto e demais *softwares* de *layout* acabam deslocando a primeira linha e deixando espaço para esse tipo de caractere. Como se chama o recurso tipográfico empregado para corrigir esse problema e manter o alinhamento uniforme?

   a. *Kerning* visual.
   b. Alinhamento justificado.
   c. Hifenização desativada.
   d. Pontuação suspensa.
   e. Entrelinha dupla.

QUESTÕES PARA REFLEXÃO

1. Neste capítulo, apresentamos apenas alguns exemplos de exercícios e projetos tipográficos. Que tal descobrir mais formas de aplicar a tipografia? São diversas as páginas e os profissionais em redes sociais e em outras mídias que propõem projetos tipográficos diferentes.

2. Embora existam muitas iniciativas brasileiras, nosso cenário na tipografia ainda tem muito potencial para crescer. Como contribuir para a tipografia brasileira?

Estudo
de caso

Imaginando uma tipografia para o futuro

O clássico *2001: uma odisseia no espaço* foi dirigido por Stanley Kubrick e lançado em 1968. Considerado um dos grandes títulos da ficção científica, o filme narra a história da tripulação da nave Discovery One. A caminho de Júpiter, a espaçonave conta com um computador de bordo chamado HAL-9000, que começa a apresentar um comportamento rebelde e antagoniza com os astronautas presentes na missão.

O gênero de filmes futuristas geralmente demanda um design de produção capaz de resolver problemas que ainda não existem. Pode-se questionar, por exemplo: Que fontes as pessoas estarão usando para transmitir informações em interfaces e painéis de controle de sistemas que só existirão daqui a muito tempo?

Embora a tipografia não seja uma área muito lembrada quando falamos de cinema, ela está presente do início ao fim na maioria dos filmes – no título de abertura, nos créditos, nas legendas e também nos *props*, isto é, nos itens cenográficos que aparecem interagindo com personagens ou ao fundo, como parte do cenário.

No caso específico do filme mencionado, a equipe de produção encontrou na fonte Eurostile um estilo satisfatório para as letras do futuro. De fato, segundo Sheadorff e Noessel (2012), quase 30% dos filmes de ficção científica até 2012 usaram a Eurostile em algum momento. Essa popularidade se explica pelo estilo das letras. Projetada por Aldo Novarese em 1962, a fonte é classificada como lineal grotesca, dispensando as serifas e apresentando bordas suaves para contrastar com suas hastes geométricas.

Assim como muitas das fontes que se inspiram nos movimentos modernistas, a Eurostile tem variações de peso, e suas formas acabaram por se encaixar bem com os *displays* de televisão, proporcionando legibilidade tanto para textos quanto para títulos. Em *2001: uma odisseia no espaço*, a fonte compõe com a Futura, projetada por Paul Renner em 1927 e considerada um dos exemplos mais notáveis de tipografia geométrica modernista.

O caso desse e de tantos outros filmes de ficção científica parece favorecer as fontes sem serifa como indicativos de que há um "progresso" na história da tipografia: nossa imaginação recorre a esses estilos de letra quando tentamos visualizar os aspectos de um tempo ainda por vir. Entretanto, é bom ficar atento às tendências evidenciadas nas redes sociais e em demais veículos de comunicação. Isso porque fontes comunicam tanto pelo seu contexto de uso quanto pelo seu estilo. Então, é interessante propor subversões para regras já estabelecidas. Afinal, o cinema é isso: um exercício de imaginação.

Fontes no cinema

Você já reparou nos estilos de letras que aparecem em séries e filmes? Agora você tem as ferramentas necessárias para analisar essas características e tentar deduzir como as equipes de produção decidem sobre a melhor aparência para o texto em suas obras. Como você faria para definir as fontes que devem ser usadas em um filme que se passa no futuro?

Considerações finais

Da mesma forma que iniciei este livro propondo um exercício de imaginação, vou encerrá-lo com mais um. Imagine que você vai sair de casa por algumas horas e precisa deixar um bilhete na geladeira com instruções para seu colega de apartamento, para seus pais ou para alguém com quem você more. Esse bilhete deve comunicar que há na geladeira um pedaço de torta de chocolate guardado para uma pessoa.

Para realizar essa tarefa, você tem de planejar algumas coisas: é necessário dispor de um pedaço de papel no qual caibam todas as informações, bem como de um lápis ou de uma caneta para desenhar as letras. Além disso, esse desenho deve ser legível – a depender de seu público-alvo, as letras podem ser mais ou menos reconhecíveis, conforme a familiaridade da pessoa com sua caligrafia. O público também vai demandar uma posição para o recado na porta da geladeira: se for uma criança, terá de ficar mais embaixo. Alguém mais alto terá mais chances de notar o bilhete se este for colocado na altura dos olhos, separados de ímãs e de anotações que possam desviar a atenção e fazê-lo passar despercebido.

Seu projeto de bilhete provavelmente vai incluir uma margem de segurança para as letras: deixar a escrita muito próxima da borda do papel pode fazer o leitor pensar que alguma parte da mensagem está faltando. As letras não poderão ser nem muito grandes, sob o risco de faltar espaço, nem muito pequenas, de tal modo que fique difícil o reconhecimento de um ou outro caractere. Se o papel não tiver linhas desenhadas, talvez a posição de sua mão possa acabar inclinando as palavras, mas o importante é deixar, na parte final do pedaço de papel, uma área isolada para sua assinatura.

Você pode até não perceber, mas vários problemas resolvidos na concepção desse singelo bilhete dizem respeito à lógica da tipografia.

Não importa se você vai escrever o bilhete à mão ou se vai abrir algum programa no computador para materializar o recado usando a impressora. O projeto do texto, isto é, sua *prefiguração*, conforme a denominação empregada por Fry, Dilnot e Stewart (2015), consiste em uma série de processos e instrumentalizações lógicas que já inclui planos de uso de papel, processos de renderização, resultados esperados e todos os elementos que permeiam o planejamento de uma experiência de leitura.

Acredito que atentar para isso, para a beleza e as peculiaridades dessa lógica, é uma maneira eficaz de buscar compreender o potencial da tipografia. As tecnologias mudarão. Da mesma forma, este livro e suas referências eventualmente terão de ser substituídos por outros, mais atuais e com uma linguagem mais próxima dos novos públicos. Não há limite para estilos de letra nem para as fontes que ainda vão surgir e, até onde sabemos, também não há limites para as combinações e formas que elas poderão assumir – desde que, obviamente, a letra "a" continue se parecendo com a letra "a".

Referências

2001: A Space Odyssey. Direção: Stanley Kubrick. Produtora: Metro Goldwyn Mayer. 1968. 148 min.

ABNT – Associação Brasileira de Normas Técnicas. **NBR 9050**: Acessibilidade à edificação, mobiliário, espaços e equipamentos urbanos. Rio de Janeiro, 2004.

ARAGÃO, I. R. **Tipos móveis de metal da Funtimod**: contribuições para a história tipográfica brasileira. 433 f. Tese (Doutorado em Design e Arquitetura) – Faculdade de Arquitetura e Urbanismo, Universidade de São Paulo, São Paulo, 2016. Disponível em: <https://www.teses.usp.br/teses/disponiveis/16/16134/tde-01092016-154117/publico/isabellaaragaorev.pdf>. Acesso em: 24 nov. 2022.

ARAGÃO, I.; FARIAS, P. L.; LIMA, E. C. Um estudo sobre catálogos de tipos de fundidoras brasileiras dos séculos 19 e 20. In: CONGRESSO INTERNACIONAL DE DESIGN DA INFORMAÇÃO, 6.; INFODESIGN BRASIL, 5.; CONGIC, 6., 2013, São Paulo.

BARTHES, R. Rhétorique de l'image. **Communications**, v. 4, n. 1, p. 40-51, 1964.

BELLWOOD, P. et al. First Farmers: the Origins of Agricultural Societies, by Peter Bellwood. Malden: Blackwell, 2005. **Cambridge Archaeological Journal**, v. 17, n. 1, p. 87-109, 2007.

BORTOLÁS, N. et al. O experimentalismo e a influência da teoria da gestalt na área de design. **Estudos em Design**, v. 21, n. 2, p. 1-15, 2013. Disponível em: <https://estudosemdesign.emnuvens.com.br/design/article/view/128>. Acesso em: 24 nov. 2022.

BRADLEY, S. Design Principles: Visual Perception and the Principles of Gestalt. **Smashing Magazine**, 29 Mar. 2014. Disponível em: <https://www.smashingmagazine.com/2014/03/design-principles-visual-perception-and-the-principles-of-gestalt/>. Acesso em: 2 nov. 2022.

BRAGANÇA, A. Antecedentes da instalação hipertardia da tipografia ao Brasil (1747-1808). **FLOEMA**, ano 3, n. 5A, p. 113-135, 2009. Disponível em: <https://periodicos2.uesb.br/index.php/floema/article/view/1759/1497>. Acesso em: 24 nov. 2022.

BRASIL. Imprensa Nacional. **Série 30 anos do Museu da Imprensa**. 13 nov. 2018. Disponível em: <https://www.gov.br/imprensanacional/pt-br/assuntos/noticias/serie-30-anos-do-museu-da-imprensa>. Acesso em: 2 nov. 2022.

BRIGHT, P. Not for the First Time, Microsoft's Fonts Have Caught out Forgers. **Ars Technica**, 13 jul. 2017. Disponível em: <https://web.archive.org/web/20171203062758/https://arstechnica.com/tech-policy/2017/07/not-for-the-first-time-microsofts-fonts-have-caught-out-forgers/>. Acesso em: 2 nov. 2022.

BRINGHURST, R. **A forma sólida da linguagem**: um ensaio sobre escrita e significado. São Paulo: Rosari, 2006.

BRINGHURST, R. **Elementos do estilo tipográfico**. São Paulo: Cosac Naify, 2005.

BUENO, J. et al. **Guia de recomendações para o desenvolvimento de materiais didáticos digitais para o público de baixa visão**. Curitiba: PPGDesign; labDSI, 2022.

BUGGY, L. A. C. **O MECOTipo**: método de ensino de desenho coletivo de caracteres tipográficos. 2. ed. rev. e ampl. Recife: Serifa Fina; Brasília: Estereográfica, 2018.

BYRNE, C.; WITTE, M. A Brave New World: Understanding Deconstruction. **Graphic Design History**, v. 245, 2001.

CHENG, K. **Designing Type**. Laurence King Publishing, 2006.

CUNHA, L. F. S. O desenvolvimento de fontes dingbats como ferramenta para a aprendizagem do processo projetual do design de tipos. In: CONGRESSO INTERNACIONAL DE DESIGN DA INFORMAÇÃO, 9.; CONGRESSO NACIONAL DE INICIAÇÃO CIENTÍFICA EM DESIGN DA INFORMAÇÃO, 9., 2019, São Paulo.

DIAMOND, J. **The Rise and Fall of the Third Chimpanzee**: Evolution and Human Life. London: Hutchinson, 1992.

DIAS, M. R. C. **O ensino do design**: a interdisciplinaridade na disciplina de Projeto em Design. 176 f. Dissertação (Mestrado em Engenharia de Produção) – Universidade Federal de Santa Catarina, Florianópolis, 2004. Disponível em: <https://repositorio.ufsc.br/xmlui/bitstream/handle/123456789/87121/203856.pdf?sequence=1&isAllowed=y>. Acesso em: 24 nov. 2022.

DONES, V. L. Tipografia vernacular: a revolução silenciosa das letras do cotidiano. In: ENCONTRO NACIONAL DA REDE ALFREDO DE CARVALHO, 6., 2008.

DREWS, R. **The End of the Bronze Age**: Changes in Warfare and the Catastrophe ca. 1200 BC. Princeton: Princeton University Press, 1993.

DRUCKER, J. What Is a Letter? In: HELLER, S. (Ed.). **The Education of a Typographer**. New York: Simon and Schuster, 2012. p. 78-90.

DRUCKER, J.; MCVARISH, E. **Graphic Design History**: a Critical Guide. Upper Saddle River: Prentice Hall, 2009.

EL LISSITZKY. **Arquitetura de VKhUTEMAS**: as obras do Departamento de Arquitetura, 1920-1927. 1927. 24,3 x 16 cm. Livro com ilustração tipográfica (capa).

FARIAS, P. L. Notas para uma normatização da nomenclatura tipográfica. In: CONGRESSO BRASILEIRO DE PESQUISA E DESENVOLVIMENTO EM DESIGN, 6., 2004, São Paulo.

FARIAS, P. L. **Tipografia digital**: o impacto das novas tecnologias. 4. ed. Teresópolis: 2AB, 2013.

FERREIRA, J. **Conheça a história da primeira volta ao mundo**. 27 out. 2020. Disponível em: <https://www.voltaaomundo.pt/2020/10/27/conheca-a-historia-da-primeira-volta-ao-mundo/destinos/868705/>. Acesso em: 24 nov. 2022.

FIORIN, J. L. O acordo ortográfico: uma questão de política linguística. **Revista Veredas**, v. 3, n. 1, p. 7-19, 2009. Disponível em: <https://periodicos.ufjf.br/index.php/veredas/article/view/25158>. Acesso em: 24 nov. 2022.

FONTOURA, A. M.; FUKUSHIMA, N. **Vade-mécum de tipografia**. Curitiba: Insight, 2012.

FOUCAULT, M. **A arqueologia do saber**. Rio de Janeiro: Forense Universitária, 2014.

FRANCHETTO, B. A guerra dos alfabetos: os povos indígenas na fronteira entre o oral e o escrito. **Mana**, v. 14, n. 1, p. 31-59, 2008. Disponível em: <https://www.scielo.br/j/mana/a/S5QkWy57NGzYsDNfK7KMjth/?format=pdf&lang=pt>. Acesso em: 24 nov. 2022.

FRASCARA, J. Optometry, Legibility and Readability in Information Design. In: SELECTED Readings of the Information Design International Conference. Recife: The Brazilian Society of Information Design, 2004. p. 55-62.

FRY, T.; DILNOT, C.; STEWART, S. **Design and the Question of History**. New York: Bloomsbury, 2015.

FUKUSHIRO, L. Ensaio sobre a tipografia brasileira. **Pós**, v. 21, n. 36, p. 194-208, 2014. Disponível em: <https://www.revistas.usp.br/posfau/article/view/90259/92948>. Acesso em: 24 nov. 2022.

GOMES FILHO, J. **Gestalt do objeto**: sistema de leitura visual da forma. São Paulo: Escrituras, 2008.

HAMMERSCHMIDT, C.; SPINILLO, C. G. Legibility Considerations for Nutrition Facts Labels: the Role of Typography in Accessing Information by Aged People with Low Vision. **Brazilian Journal of Information Design**, v. 18, n. 3, p. 84+, 2021.

HARRIS, D. **The Art of Calligraphy**. London: Dorling Kindersley, 1995.

HENNES, M.; COUTINHO, S. Vernacular Urban Communication and Ephemeral Educational Materials. In: FADEL, L.; SANTA ROSA, G.; PORTUGAL, C. (Org.). **Selected Readings of the 8th Information Design International Conference**. São Paulo: Edgard Blucher, 2019. p. 339-360.

HORN, R. E. **Visual Language**. Washington: MacroVu Inc. Washington, 1998.

HOUSTON, K. **Shady Characters**: the Secret Life of Punctuation, Symbols, and other Typographical Marks. New York/London: WW Norton & Company, 2013.

JOHNSTON, E. **Writing & Lettering & Illuminating**. London: Hogg I, 1906. Versão digital. Disponível em: <https://library.si.edu/digital-library/book/writingillumina00john>. Acesso em: 7 dez. 2022.

KEITH, J. **Resilient Web Design**. 2016. [e-book]. Disponível em: <https://resilientwebdesign.com/>. Acesso em: 2 nov. 2022.

KRIPPENDORFF, K. **The Semantic Turn**: a New Foundation for Design. Flórida: CRC Press, 2005.

LINOTYPE: the film. Direção: Douglas Wilson. New York, 2012. 77 min.

LUPTON, E. **Pensar com tipos**. São Paulo: Cosac Naify, 2006.

LUPTON, H.; MILLER, A. Estilos de período. In: LUPTON, E.; MILLER, A. **Design, escrita, pesquisa**: a escrita no design gráfico. Porto Alegre: Bookman, 2011a. p. 33-39.

LUPTON, H.; MILLER, A. Leis da letra. In: LUPTON, E.; MILLER, A. **Design, escrita, pesquisa**: a escrita no design gráfico. Porto Alegre: Bookman, 2011b. p. 53-61.

MARGOLIN, V. (Ed.). **Design Discourse**: History, Theory, Criticism. Chicago: University of Chicago Press, 1989.

MATTOS, W. **Os segredos da harmonia no design de páginas**. 25 jul. 2014. Disponível em: <https://waltermattos.com/tutoriais/tutorial-os-segredos-da-harmonia-design-de-paginas/>. Acesso em: 2 nov. 2022.

MEGGS, P. B. **Type and Image**: the Language of Graphic Design. New Jersey: John Wiley & Sons, 1992.

MEGGS, P. B.; PURVIS, A. W. **História do design gráfico**. São Paulo: Cosac Naify, 2009.

MELO, C. H.; RAMOS, E. **Linha do tempo do design gráfico no Brasil**. São Paulo: Cosac Naify, 2011.

MENDES, L. P. et al. **Matriz**. Disponível em: <https://www.ucm.es/quidestliber/matriz-1>. Acesso em: 24 nov. 2022.

MIJKSENAAR, P. **Visual Function**: an Introduction to Information Design. Rotterdam: 010 Publishers, 1997. v. 1.

MOHOLY-NAGY, L. Tipofoto. 1925. In: ARMSTRONG, H. (Org.). **Teoria do design gráfico**. São Paulo: Ubu, 2019. p. 37-40.

NAVARRO, E. A. **Método moderno de tupi antigo**: a língua do Brasil dos primeiros séculos. 3. ed. rev. São Paulo: Global, 2005.

NIEMEYER, L. **Tipografia**: uma apresentação. 4. ed. rev. e ampl. Rio de Janeiro: 2AB, 2006.

PALMER, A. Black Death, COVID, and Why We Keep Telling the Myth of a Renaissance Golden Age and Bad Middle Ages. **Ex Urbe**, 4 June 2020. Disponível em: <https://www.exurbe.com/black-death-covid-and-why-we-keep-telling-the-myth-of-a-renaissance-golden-age-and-bad-middle-ages/>. Acesso em: 2 nov. 2022.

PETTERSSON, R. **It Depends**. Viena: International Institute for Information Design, 2010.

RÉGIS. **História do design e o processo do conhecimento**: design – um conceito do século XX. 2010. Disponível em: <http://regisdesigner.blogspot.com/2010/11/historia-do-design-o-processo-do.html>. Acesso em: 28 nov. 2022.

REYNOLDS, D. New Details about the Origins of Akzidenz--Grotesk. **Klim Type Foundry**, 2019. Disponível em: <https://klim.co.nz/blog/new-details-about-origins-akzidenz-grotesk/>. Acesso em: 2 nov. 2022.

RUDER, E. **Typography**: a Manual of Design [Typographie: Ein Gestaltungslehrbuch, Un Manuel de Création]. Switzerland: Niggli, 1967.

SAMARA, T. **Grid**: construção e desconstrução. São Paulo: Cosac Naify, 2007.

SAVOIE, A. The Women behind Times New Roman: the Contribution of Type Drawing Offices to Twentieth Century Type-Making. **Journal of Design History**, v. 33, n. 3, p. 209-224, 2020.

SCHMIDT, J. **Cartaz da Exposição Bauhaus em Weimar.** Alemanha, 1923.

SHEADORFF, N.; NOESSEL, C. **Make It So:** Interaction Design Lessons from Science Fiction. New York: Rosenfeld Media, 2012.

SILVEIRA, A. **Design de tipos em Pernambuco:** estudo de uma situação de ensino. 171 f. Dissertação (Mestrado em Design da Informação) – Universidade Federal de Pernambuco, Recife, 2014. Disponível em: <https://repositorio.ufpe.br/bitstream/123456789/11073/1/DISSERTA%c3%87%c3%83O%20Aline%20Silveira.pdf>. Acesso em: 24 nov. 2022.

SLESS, D. What Is Information Design. **Designing Information for People**, p. 1-16, 1994.

SMITH, F. **Compreendendo a leitura**. Porto Alegre: Artes Médicas, 1989.

SOUSA, A.; SANTA ROSA, J. G. Traços de identidade do Rio Grande do Norte através da tipografia e das marcas vernaculares locais. In: CIDI, 8.; CONGIC, 8., 2017.

SOUZA, L. M. T. M. de. Uma outra história: a escrita indígena no Brasil. In: DORRICO, J.; DANNER, F.; DANNER, L. (Org.). **Literatura indígena brasileira contemporânea:** autoria, autonomia, ativismo. Porto Velho: Editora Fi, 2020. p. 169-180.

TENÓRIO, G.; PINHEIRO, C. O que é dislexia: causa, sintomas, diagnóstico e tratamento. **Veja Saúde On-line**, 2 ago. 2018. Disponível em: <https://saude.abril.com.br/medicina/o-que-e-dislexia-causa-sintomas-diagnostico-e-tratamento/>. Acesso em: 2 nov. 2022.

THE MET. **Registrum huius Operis libri cronicarum cum figuris et ymagibus ab inicio mundi.** Disponível em: <https://www.metmuseum.org/art/collection/search/338301>. Acesso em: 24 nov. 2022.

WARDE, B. A taça de cristal, ou por que a tipografia deve ser invisível. In: ARMSTRONG, H. (Org.). **Teoria do design gráfico.** São Paulo: Ubu, 2019. p. 47-53.

W3C – World Wide Web Consortium. **Contrast (Minimum)**: Understanding SC 1.4.3. 2018. Disponível em: <https://www.w3.org/TR/UNDERSTANDING-WCAG20/visual-audio-contrast-contrast.html>. Acesso em: 2 nov. 2022.

WILLIAMSON, J. H. The Grid: History, Use, and Meaning. **Design Issues,** p. 15-30, 1986.

Respostas

CAPÍTULO 1

Questões para revisão

1. Caracteres fenícios e gregos para as letras, além de numerais arábicos.
2. O rébus é uma maneira de usar um símbolo tanto pelo seu significado quanto pelo seu significante. Ele é importante porque permite que símbolos se combinem a partir de sua representação sonora, formando novas palavras escritas.
3. e
   As letras minúsculas foram uma adição medieval às letras formais usadas pelos romanos, que eram maiúsculas, conferindo a bicameralidade ao alfabeto latino.
4. a.
5. b
   As demais alternativas apresentam grupos de caracteres, porém em cada uma há uma palavra que não designa tais categorias (serifas, firulas, faces tipográficas).

CAPÍTULO 2

Questões para revisão

1. Recursos literários de navegação (números de páginas), separação do texto em parágrafos e variação de letras para diferenciar títulos. O próprio formato do livro (códice) remete a essa época.
2. O ideal racionalista dispensava as características humanistas da letra, que eram consequência do traço caligráfico. Exemplos podem ser vistos nos eixos retos, na menor modularização do traço e em padrões matematicamente calculados.
3. b
   A produção em série proporcionada pelo sistema de Gutenberg era mais prática, sendo as tarefas divididas entre várias mãos. Alguns trabalhadores eram contratados para preparar os tipos, outros para operar a prensa, e assim por diante.

4. d

A Família Real trouxe consigo os equipamentos da Imprensa Régia e a estabeleceu no Rio de Janeiro em 1808.

5. a

Linotipia, monotipia e fotocomposição são métodos de automação de composição tipográfica. A única alternativa que reúne dois deles é a primeira.

CAPÍTULO 3

Questões para revisão

1. Caracteres são cada uma das letras, números e sinais (inclusive espaços em branco) que compõem um sistema de escrita. Já o conceito de glifo é mais abrangente, pois se refere também a símbolos não textuais.
2. Pode-se dizer que a fonte é uma família ou face tipográfica implementada, isto é, pronta para a aplicação em projetos de texto.
3. b

O eixo de inclinação é uma variável considerada no desenho dos caracteres, e não na métrica da tipografia.

4. c

A altura nominal é dada pela distância entre a linha de fundo e a linha de topo, e a altura de x é dada pela distância entre a linha média e a linha de base. A linha de versal pode ser uma linha adicional usada para marcar a extremidade das maiúsculas, que pode ser diferente da linha de topo.

5. b

A perna do "R" maiúsculo parte da haste principal e termina na linha de base. O traço que cruza a haste do "f" minúsculo é uma barra. O olho da letra "e" minúscula faz parte de sua contraforma, que é composta também pela abertura deixada pelo gancho. A letra "x" minúscula apresenta divergências quanto à nomenclatura de seus elementos, mas a única alternativa válida entre as da questão é a que identifica o elemento como um braço.

CAPÍTULO 4

Questões para revisão

1. Distanciamento da caligrafia medieval nos tipos usados para impressão. Com maior contraste entre os traços finos e grossos, considera-se que as letras de Didot e Bodoni têm um estilo próprio.
2. Johnston se opôs ao que chamava de "decadência tipográfica", sugerindo recomendações para desenhistas de letras que eram baseadas em elementos ou formas "fundamentais" de cada caractere. Esse método geométrico reduzia cada caractere a um esqueleto básico que deveria permanecer inalterado, a não ser para criar compensações que facilitassem a leitura.
3. d
As três primeiras alternativas sintetizam algumas ideias apresentadas no texto que se referem à criação tipográfica na primeira metade do século XX. A última alternativa faz alusão a um movimento diferenciado que se iniciou após a Segunda Guerra Mundial.
4. e.
5. c
De fato, a leiturabilidade está relacionada com a atenção e a interpretação do texto, e a tipografia pode auxiliar nesse processo, por meio de estratégias de eficácia e eficiência comunicativas.

CAPÍTULO 5

Questões para revisão

1. Letras romanas renascentistas, transicionais e românticas, letras egípcias (ou mecânicas), letras lineais, letras escriturais e caligráficas e letras decorativas (ou *display*).

2. A Akzidenz Grotesk carrega traços simplificados, sem ornamentos (incluindo serifas) e com um estilo geométrico, apresentando pouca modulação nos traços. Características como essas também estão presentes em fontes como Helvetica, Univers e Futura.

3. b
As serifas pesadas e outras características próximas, como os grandes terminais em gota, remetem às fontes *display* que hoje categorizamos como mecânicas ou egípcias.

4. c
As fontes escriturais englobam todos os estilos que emulam os traços das letras produzidas caligraficamente ou com estilo manuscrito.

5. d
Fontes monoespaçadas são úteis para interfaces e *displays* que exigem rápido reconhecimento do texto, como códigos de programação ou números para monitoramentos matemáticos.

CAPÍTULO 6

Questões para revisão

1. Fatores tipográficos (estilo da fonte, configuração dos caracteres, quantidade disponível para uso), fatores do suporte (mídia, cores, ambiente), fatores de uso e leitura (familiaridade, ângulo de visão, distância, tempo de exposição e movimento).

2. O design da informação (DI) é a área do conhecimento voltada para a otimização da obtenção da informação. A tipografia, nesse contexto, é estudada de forma a proporcionar maior eficácia, rapidez e clareza no acesso aos conteúdos. Pela abordagem do DI, a tipografia confere papéis para o texto de acordo com sua relação com os demais elementos da composição visual.

3. d
As informações estão se ancorando, pois transmitem a mesma mensagem, ou seja, uma apenas reforça a outra.

4. a

Margens e guias são usadas para formar unidades chamadas de *módulos*.

5. b

Contraste com o fundo e o tamanho da letra são fundamentais para garantir uma legibilidade acessível. Optar por fontes que apresentam traços diferenciais entre as letras também pode ajudar pessoas a diferenciá-las melhor.

CAPÍTULO 7

Questões para revisão

1. Legibilidade, leiturabilidade, hierarquia, ritmo, equilíbrio e ênfase. O modelo também considera o tipo de *grid* empregado, as fontes que estão em uso e uma identificação do tipo de material que está sendo analisado.
2. Elas problematizam a materialização da fala por meio da escrita. São exercícios que sugerem que a prática tipográfica está sempre recebendo novas demandas e precisando se adaptar conforme as mudanças no alfabeto (Capítulo 1) e nas tecnologias (Capítulo 2).
3. c

A linha viúva acaba ficando isolada em páginas e precisa ser reincorporada à mancha principal, ajustando-se o espaçamento. Se um parágrafo acaba com uma linha contendo uma única palavra, desequilibrando a mancha tipográfica, essa linha recebe o nome de *órfã*.

4. c

Entrelinhas podem variar, mas a maioria das fontes se comporta bem em uma proporção de 120% a 135%.

5. d

Suspender a pontuação joga o sinal gráfico para fora da caixa de texto, mantendo o alinhamento dos caracteres.

Sobre
o **autor**

Bolívar Teston de Escobar nasceu em Erechim, no Rio Grande do Sul. É formado em Design Gráfico e mestre em Design de Sistemas de Informação pela Universidade Federal do Paraná (UFPR), onde também desenvolve uma pesquisa de doutoramento na área de teoria e história do design. Trabalha como diagramador, ilustrador e infografista, além de ter experiência como UI e UX designer, tendo conduzido pesquisas e projetos de interfaces visuais e produtos e serviços digitais. Foi professor substituto na Universidade Tecnológica Federal do Paraná (UTFPR) nos cursos de Design e também produziu aulas para a Faculdade de Negócios do Uninter, nos cursos de Desenvolvimento de Jogos Digitais.

✱

Os livros direcionados ao campo do *design* são diagramados com famílias tipográficas históricas. Neste volume foram utilizadas a **Caslon** – desenhada pelo inglês William Caslon em 1732 e consagradada por ter sido utilizada na primeira impressão da Declaração de Independência Americana – e a **Helvetica** – criada em 1957 por Max Miedinger e Eduard Hoffmann e adotada, entre outros usos, no logotipo de empresas como a NASA, a BBC News e a Boeing.

Impressão: Reproset
Maio/2023